国培学苑

阜阳师范学院国家培训项目成果集

小学综合实践活动卷（2014—2016）

GUOPEI XUEYUAN

FUYANG SHIFAN XUEYUAN GUOJIA PEIXUN XIANGMU CHEGNGUO JI

XIAOXUE ZONGHE SHIJIAN HUODONG JUAN（2014—2016）

主　编　丁智勇

副主编　顾江鸿　王昌余

安徽师范大学出版社

·芜湖·

图书在版编目(CIP)数据

阜阳师范学院国家培训项目成果集.小学综合实践活动卷:2014—2016 / 丁智勇主编. —芜湖:安徽师范大学出版社,2017.7

("国培"学苑)

ISBN 978-7-5676-2820-5

Ⅰ.①阜… Ⅱ.①丁… Ⅲ.①活动课程-教学研究-小学 Ⅳ.①G632.0

中国版本图书馆CIP数据核字(2017)第086131号

阜阳师范学院国家培训项目成果集

小学综合实践活动卷(2014—2016)

丁智勇 主编

丛书策划:汪鹏生　黄成林

责任编辑:何章艳　祝凤霞

装帧设计:任　彤

出版发行:安徽师范大学出版社

芜湖市九华南路189号安徽师范大学花津校区

网　　址:http://www.ahnupress.com/

发 行 部:0553-3883578　5910327　5910310(传真)

印　　刷:虎彩印艺股份有限公司

版　　次:2017年7月第1版

印　　次:2017年7月第1次印刷

规　　格:700 mm × 1000 mm　1/16

印　　张:16.5

字　　数:280千字

书　　号:ISBN 978-7-5676-2820-5

定　　价:39.80元

阜阳师范学院“国培计划”项目成果系列丛书
编辑委员会

本书编辑委员会

主　　编　丁智勇

副 主 编　顾江鸿　王昌余

成　　员（按姓氏笔画排序）

丁智勇　王　坤　王昌余　仝丰山　朱　芹

朱　诲　江　南　李　锐　李　燕　李冬青

周启富　顾江鸿

总　序

中小学教师国家级培训计划，简称“国培计划”，是教育部、财政部于2010年开始实施的旨在提高中小学教师特别是农村教师队伍整体素质的重要举措，对于解决我国中西部农村地区基础教育薄弱、实现我国基础教育均衡发展、促进教育公平具有战略性意义。“国培计划”项目为广大农村教师和紧缺薄弱学科教师接受更多高水平培训提供了机会，为促进义务教育均衡发展和教育公平做出了应有的贡献。

阜阳师范学院创办于1956年，1977年开始招收本科生，2013年开始独立招收硕士研究生。建校以来，学校始终秉承“发挥教师教育优势，服务地方基础教育”的办学理念，主动对接安徽基础教育发展需要，成就辉煌。自2010年“国培计划”实施以来，学校全面贯彻落实“国培计划”实施要求，组织强有力的领导班子和高水平的专家团队，在深入调研的基础上，紧紧围绕“国培计划”项目的宗旨和目标，科学设定培训课程，创新培训教学和管理模式，取得了显著的成效。学校连续获准参与“国培计划”项目，迄今先后培训农村义务教育及学前教育教师4000余人次，充分体现了教育部、省教育厅对学校的信任和支持，学校也从中积累了大量行之有效的培训经验。在教育部对“国培计划”学员的回访中，学校组织实施的多个“国培计划”项目获得“优秀”；在教育部组织的数次匿名评估中，学校承担的“国培计划”项目评估结论位于全省前茅。

“国培计划”项目的实施，进一步促进了学校面向基础教育、服务基础教育、研究基础教育，有力地促进了学校教师教育人才培养模式的改革。同时，学校在实施“国培计划”项目过程中，通过专家授课（讲座）、学员研修等方式，积累了大量的珍贵资料，开发、生成了一批优质培训课程资源。为了进一步总结学校实施“国培计划”项目经验，提升“国培计划”项目质量，同时为了与各“国培计划”承办单位、培训教师以及广大中小学、幼儿园教师共同分享“国培计划”项目优质教学资源，更好地服务地方基础教育发展，经研究，学校决定将“国培计划”

专家授课(讲座)、经验总结、学员研修等形成的珍贵资料予以整理、编辑,并以"'国培'讲坛""'国培'论坛""'国培'学苑"系列丛书的形式,分学科分卷陆续出版。其中,每卷设主编(副主编)若干人,负责组织书稿、撰写该卷前言等事宜,并负责联系入卷文稿的作者,征得他们的同意和支持,切实维护知识产权。

第一轮"国培计划"项目实施已经圆满结束,第二轮已经开始。我们希望本丛书的编辑出版,能够有力推动第二轮"国培计划"项目的实施,为实现我国基础教育的持续改善和发展提升做出应有的贡献。

阜阳师范学院"国培计划"项目成果系列丛书编辑委员会

2016年12月18日

前　言

综合实践活动课程是《基础教育课程改革纲要（试行）》规定的义务教育阶段3—9年级和高中阶段学生的一门必修课程。该课程是一门基于学生的直接经验，体现经验和生活对学生发展的价值的综合性、经验性、实践性课程。它强调学生从自身生活和社会生活中发现问题，学习运用科学方法解决现实中的问题。与其他各类课程相比较，综合实践活动课程具有鲜明的开放性、综合性、实践性等特点。

2014年，为进一步推动教师培训改革，推进教师培训综合改革试点工作，安徽省教育厅决定组织实施“国培计划（2014）”——安徽省中小学综合改革项目。该项目采取混合式培训模式，于2014—2016年对中小学（含幼儿园、特殊教育学校）优秀骨干教师进行为期2年的培训，通过跨年度、分阶段连续递进式培训，帮助骨干教师提升专项能力，总结教学经验，塑造教学风格，凝练教育思想，促进教师螺旋式发展，培养一批教育教学改革的带头人和骨干培训者。我校承担了小学综合实践活动和小学科学两门课程的培训任务，具体教学任务和学员管理等工作由物理与电子工程学院负责。

此次培训重在问题诊断、经验总结，帮助参训学员确立发展目标，拟定研修计划，明确研修路径，提升网络研修能力，组建并强化学习共同体。为了组织好此次培训活动，项目组进行了充分的准备，从项目申请、方案设计、专家邀请到项目实施、质量监控、成果汇集等，做了许多富有成效的工作。笔者作为“小学综合实践活动”国培班班主任，参加了整个培训活动的全过程。

“小学综合实践活动”国培班共有学员43名，全部来自安徽省基础教育一线，他们在各自的教育教学岗位上均取得了突出的成绩。2015年10月，安徽省教育科学研究院组织首届小学综合实践活动优质课评选活动。我们对此次活动高度重视、精心准备，组织了班级选拔赛，并对参赛选手进行了集中培训，还组织全班学员赴蚌埠观摩了活动的全过程。在比赛中，国培班学员沉着冷静、表现突出,取得了优异的成绩。其中,江南、宁青青获得一等奖,吴丽莉、朱海获得二等奖,朱芹、徐曼丽、仝丰山获得三等奖。积极参赛并取得优异成绩,既展示了国培班的风采,又拓展了培训形式,国培班学员的表现受到了与会领导和专家的表扬。

为了总结培训成效,固化学员研究成果,同时为了与广大中小学一线教师分享综合实践活动课程教育教学研究心得,根据阜阳师范学院"国培计划"项目成果系列丛书编辑委员会的整体安排,结集出版国培班学员成果。本书分为"理论研究篇""方案设计篇""培训体会篇""校本经验篇"四个部分,所收录文稿均来自国培班学员。本书可供从事综合实践活动课程一线教学的教师以及对综合实践活动课程感兴趣的读者阅读使用。

在编辑整理文稿的过程中,本书编辑委员会全体成员付出了辛勤的劳动,在此对大家的无私奉献精神和团队合作精神表示衷心的感谢。阜阳师范学院继续教育学院院长梁家贵教授、物理与电子工程学院院长李季教授审阅了书稿,并提出了富有建设性的意见与建议,在此谨向二位领导、专家表示衷心的感谢。

由于时间仓促,书稿中错误、疏漏等不足之处在所难免,在此谨向读者表示歉意,并恳请读者批评指正。

丁智勇

2016年8月于阜阳师范学院

目　录

理论研究篇

方案设计篇

培训体会篇

校本经验篇

理论研究篇

综合实践活动体现了我国新一轮基础教育课程改革的基本理念和核心目标，是新课程的亮点。与以知识接受为主的学习活动相比，综合实践活动改变了学生的学习方式，将学生的探究发现、大胆质疑、调查研究、实验论证、合作交流、社会参与、社区服务、劳动实践等作为重要的发展性教学活动。

综合实践活动是一门开放性极强的课程，它的实施给予了教师丰富的创造空间，同时促进了校本课程的创生与发展。

理论研究篇，是国培班学员们学以致用，结合自身教学实际，从综合实践活动的课程性质、资源开发、方法指导、发展评价、区域推进等方面进行深入思考和研究的成果。学员们立足眼前现状，着眼未来发展，通过数据分析和案例对比，或宏观或微观地阐述自己的见解，期望为广大综合实践活动教师提供有效的指导策略，推进综合实践活动课程实施常态化。

小学综合实践活动课程实施现状的研究
——以合肥市庐阳区为例

王昌余[①]，卓晓孟[②]

一、引　言

21世纪，知识经济兴起和信息技术应用成为世界发展趋势，美、英、法、日等发达国家在基础教育领域率先进行课程改革，试图克服学科课程分科细化的弊端，从而融合各学科知识，重新组织新的课程结构。2001年，教育部印发了《基础教育课程改革纲要（试行）》文件，明确规定：从小学至高中设置综合实践活动课并作为必修课程。

安徽省合肥市庐阳区位于合肥市经济发展中心地带，地理位置优越、资源丰富。自综合实践活动课程实施以来，该区积极实践，不断探索，获得了宝贵的经验。2015年，全国基础教育课程改革试验区综合实践活动第十三届研讨会在合肥市庐阳区召开，该区荣获了"全国区域性整体推进综合实践活动课程示范区"称号。十几年来，庐阳区小学综合实践活动课程实施成果如何，困难有哪些，下一步如何发展，亟待调查和回应。

二、研究过程与方法

合肥市庐阳区现有小学28所，因各校综合实践活动课程专职教师较少（大部分都是其他学科教师兼任），本研究以小学三至六年级目前承担综合实践活动课程教学任务的教师为调查对象（庐阳区大约有120位这类教师），针对每所

---

① 王昌余，男，研究生学历，合肥市南门小学高级教师，合肥市综合实践活动学科带头人，合肥市庐阳区综合实践活动课程兼职教研员。主讲课程：小学综合实践活动。主要研究方向：小学综合实践活动理论与实践。

② 卓晓孟，女，安徽师范大学教育科学学院课程与教学论专业硕士研究生。

小学承担该门课程教师人数不等的现状，采取分层随机抽样的方法，保证每个学校有相应的调查比例，共发放调查问卷110份，回收有效问卷100份，有效回收率约91%。调查问卷共设置26个客观题和1个主观题，从教师对课程认识、课程实施、课程建议三个维度进行设计。问卷回收后，采用SPSS17.7软件对问卷进行数据统计分析。

另外，我们阅读了《庐阳区综合实践活动课程实施指导意见》，收集分析了该区综合实践活动课程的课时计划、课程资源包、教师教案等资料，访问了庐阳区公开的教育体育信息网站(http://ww.hfly.net/)，同时选取20名近几年在综合实践活动课程实施和研究方面取得一定成绩的一线教师进行访谈，深入了解该区在综合实践活动课程实施过程中的真实情况。

三、调查结果与分析

(一)庐阳区小学综合实践活动课程开设情况

庐阳区小学综合实践活动课程有自己的资源包，资源包包括安徽省省编教材、校本课程和社团活动。各校根据自身实际，并结合资源包进行活动设计。庐阳区各小学三至六年级每周安排2~3课时的综合实践活动课程，在课表中呈现，并在教学中严格执行。区教育体育局每个学期组织人员对学校综合实践活动课程实施情况进行专项督查，并及时公布督查结果。

(二)庐阳区小学综合实践活动课程实施成果

1. 教师具有一定的课程意识

课程意识是教师在与课程对话沟通的基础上，对课程的敏感程度，包括课程理论的自我构建意识、课程资源的开发意识等。课程认识这一维度的调查结果如表1所示。60%的教师认为自己非常了解综合实践活动课程的课程理念和目标，说明教师认为自己有明确的实施理念。这可能是学校培训和教师自学拓宽了教师的课程视野。但仍有40%的教师不了解或不确定，对课程理念和目标感到模糊。所以，教师在“一定程度上”理解该门课程，但并没有覆盖全体教师。少数教师认知上的偏差可能会对改革全局带来消极影响。81%的教师不同意“综合实践活动课程与其他学科教学设计没区别”，可见教师们受新课程理念影响，已经明确了综合实践活动课程强调技能、情感的教学目标。86%的教师认为该门课程“开设很有价值”，尤其在培养师生关系和促进学生全面发展方面有很大作用。这说明教师们在课程的实践中取得了一些成效，对课程前景持有乐观的态度。访谈中，教师们承认综合实践活动课程深受学生喜爱，学生在这门课程中可以充分自由发挥，激发学习和探究热情。绝大部分教师在一定程度上能够摆脱学科教学的束缚，在教学中不断理解课程内涵，把自己的亲身经历、教学经验、文化教育等因素与课程理解相结合，从而赋予该门课程全新的教学模式。

表1 教师认识层面相关数据统计(一)

内容	非常不同意	比较不同意	不确定	比较同意	非常同意
1.综合实践活动课程与其他学科教学设计没区别	45%	36%	3%	3%	13%
2.我对这门课程的理念、目标非常了解	7%	9%	24%	39%	21%
3.我认为综合实践活动课程的开设很有价值	6%	2%	6%	9%	77%
4.综合实践活动课程有利于师生关系的培养	0	0	0	24%	76%
5.综合实践活动课程能够促进学生全面发展	0	0	3%	12%	85%

2. 教师专业素养得到很大提升

问及教师认识课程的途径，调查显示(见表2)：55%的教师会“经常和别的老师研讨该门课程”，70%的教师会“通过《综合实践活动指导纲要(试行)》研读该门课程”，60%的教师“通常读些关于综合实践活动课程的辅助材料”。这说明，大部分教师能够通过和别的老师研讨课程、研读课程文件和阅读辅助材料等多种途径理解课程，使自身的课程素养得到提高。教师已经拥有丰富自身课程知识的意识，具有一定的主动学习能力。访谈中，一些教师表示自己会通过教学反思、阅读书籍、与别人交流等方式提升自身专业素养。

表2 教师理解课程途径统计

内容	非常不同意	比较不同意	不确定	比较同意	非常同意
1.我经常和别的老师研讨该门课程	6%	15%	24%	33%	22%
2.我会通过《综合实践活动指导纲要(试行)》研读该门课程	3%	15%	12%	39%	31%
3.我通常读些关于综合实践活动课程的辅助材料	3%	15%	22%	36%	24%

另外，调查显示(见表3)：30%的教师在组织管理方面能力欠缺，15%的教

师在评价方面能力欠缺,32%的教师在协调沟通方面能力欠缺。这说明,大部分教师在组织、协调、评价学生等方面比较占优势。一位年轻的女教师说:“我每节课都给学生自我探究的机会,我也会全身心地倾听每个幼小心灵的声音,他们才是课堂教学的真正创造者。”教师自身教学观念的转变、专业理想的树立,使教师情感素养潜移默化地受到影响。

表3　教师在课程实施方面相关数据统计(一)

问题	教师实施综合实践活动课程欠缺因素(多选)	百分比
您认为在实施综合实践活动课程中自身存在哪些欠缺	课程资源开发的意识和能力	72%
	组织管理能力	30%
	评价学生的能力	15%
	协调沟通能力	32%
	利用多学科知识指导活动的能力	63%

3. 课程实施突出学生角色

调查显示(见表4):7%的教师在所有方面都指导学生,30%的教师在自认为重要的方面指导学生,63%的教师会对学生有疑问的地方进行指导,没有教师在活动中对学生放任自流。这说明,大部分教师能够把握自身在活动中的指导角色,在学生需要的时候给予指导,较多考虑学生的差异和需要。关于课堂中学生自由支配时间内的活动内容的调查,结果显示(见表4):53%的教师让学生自由讨论,11%的教师让学生做实验。这说明,教师教学体现了学生的自主性和探究性,注重学生发散性思维的培养和自我经验的提炼。通过收集教师的教案,发现教师会开设一些地区性或特色性校本课程,如“庐州探秘”“三月赏桃花”“走进渡江战役纪念馆”等,在这些特色课程中引导学生认识家乡,培养学生热爱家乡的情感。

表4　教师在课程实施方面相关数据统计(二)

问题	选项	百分比	问题	选项	百分比
您在哪些方面指导学生参加综合实践活动	所有方面都指导	7%	您的课堂上学生能支配的时间主要用于做什么	写作业	6%
	自认为重要的方面指导	30%		阅读教材	30%
	学生有疑问的地方	63%		讨论	53%
	基本不指导	0		做实验	11%

4. 该区较重视综合实践活动课程的实施

学校在教师上岗前都组织过培训,其中,50%为上级组织的教研及培训活动,30%为校本教研及培训活动。教师还可以参加其他培训、外出考察或购买教材自我研读。这说明,该区重视教师任教前的培训并积极组织教师参加培训,关心教师角色适应性和课程素养。庐阳区把综合实践活动课程的教学与当今的互联网教育相融合,不仅把多媒体教学普及成教师教学的必要手段,还把综合实践活动课程制作成一个资源共享库,庐阳区全体教师和外界人士都可以通过庐阳区教育体育信息网了解该区重大的综合实践活动课程实施计划、教学反思和优秀教学课例等。庐阳区每年举行的"校外一日青少年实践活动"和"优秀校本课程展示活动"深受社会好评。但是,目前该区学校还是缺乏一套完整的培训、组织、实施、评价和管理体系,还未建立自己独立的教研机构,教研力量比较薄弱。总体上而言,该区能够给予综合实践活动课程一定的资金投入,也有一些独创性的课程开发和课程运用,心系每位教师的职业发展。

(三)庐阳区小学综合实践活动课程实施困境

1. 教师教育理论知识不足

专业的教师是课程实施的关键。小学综合实践活动课程对教师素养的要求有:①知识素养,即广泛涉猎各学科知识,具备人文素养和科学素养;②能力素养,包括有机联系能力和综合性的实践分析能力。综合实践活动课程除了要求教师具有较强的专业性、组织能力、领导能力和引导能力外,还要求教师有广博的知识素养。调查显示,72%的教师认为自身缺乏课程资源开发意识,63%的教师认为自身缺乏多学科组织活动能力。这说明,教师意识到了课程开发意识的淡薄和知识素养不健全。

教师教育理论知识不足。调查显示,庐阳区82%的综合实践活动课程教师主要由班主任和科任教师担任,其中科任教师占42%,这些科任教师主要是数学、语文教师。大量的兼任教师没有经过承担该课程所需要的专业教育,缺乏专职教师所具有的相关教育理论知识,课程实施起来会感到理论缺乏、困惑较大。访谈中,有教师表示自身缺乏教育理论素养,在教学中无法灵活处理各种突发情况;更有教师表示,一节课的大部分时间都在维持课堂秩序,根本无法正常教学。

2. 部分教师群体课程观念淡薄

调查显示(见表5):仅有42%的教师认为综合实践活动课程是学校的一门必修课,大部分教师并不接受综合实践活动课程作为必修课形态呈现。这说明,教师群体对综合实践活动课程定位认识不足,综合实践活动课程在学校受到大部分教师的心理排斥。教师对课程的态度没有摆正,教学中就会出现消极对待和缺位情况。

表5 教师认识层面相关数据统计(二)

问题	选项	百分比
您认为综合实践活动课程是一门选修课吗	非常不同意	30%
	比较不同意	12%
	不确定	9%
	比较同意	21%
	非常同意	28%

教师们关于综合实践课程实施范围的意见不统一,具体统计结果如表6所示。《基础教育课程改革纲要(试行)》规定了综合实践活动课程的主要内容,但除了指定的四大领域(研究性学习、社区服务与社会实践、劳动与技术教育、信息技术教育)外,综合实践活动课程的实施范围还包括大量非指定领域,如班团队活动,学校传统活动(科技节、体育节、艺术节),学生同伴间交往活动,学生个人或群体的心理健康活动,等等。因此,表6中所列的选项都可作为综合实践活动课程的实施领域。而在这个问题上,只有21位教师是全选的,但也不能保证他们是真正了解。可以看出,庐阳区教师对于综合实践活动课程内容和实施范围认识上存在误差,这可能是因为教师对《基础教育课程改革纲要(试行)》这份文件的精神没有彻底领悟。

表6 教师在课程实施方面相关数据统计(三)

问题	选项(多选)	百分比
您认为综合实践活动课程实施范围包括哪些	活动课	75%
	计算机课	30%
	劳技课	54%
	研究性学习	88%
	社区服务与社会实践	94%
	劳动与技术教育	85%
	信息技术教育	52%

虽然大部分教师具有一定的课程意识，但仍有小部分教师对综合实践活动课程认识模糊，表现为对课程的理念、性质和实施范围不了解，忽视综合实践活动课程特有价值。这小部分教师的存在影响了整体的实施效果。部分教师课程观念淡薄，导致综合实践活动课程实施起来困难较大。

3. 课程实施存在的困难较大

关于课程实施困难，调查显示（见表7）：69%的教师认为"自身知识结构能力难以适应"，66%的教师认为"班级规模较大"是因素之一，60%的教师认为"家庭和社会的理解、支持不够"。这表明，教师实施课程面临的三大主要障碍是自身知识欠缺、班级规模较大、外界支持不够。另外，27%的教师认为"领导不重视"，36%的教师认为"图书馆、网络资源匮乏"，27%的教师认为"活动主题难选"，30%的教师认为"提供的活动内容可操作性较差"，42%的教师认为"学生综合能力差"。这表明，除了"家庭和社会的理解、支持不够"以及"班级规模较大"等外部困难外，教师还存在资源匮乏、生源素质低、主题难选等大大小小的困难。若有更多选项，被调查者也许会有更多困难。由此可以看出，教师对实施综合实践活动课程的意见比较大，究其原因，可能来自两个方面：第一，课程在国内发展不健全，由外国引进的这门课程可能很难适应中国的社会环境，国内超额大班制等制约着课程的发展；第二，教师自身缺乏克服困难的勇气，缺乏创新、探究和解决问题的教学能力。

表7 教师在课程实施方面相关数据统计（四）

问题	选项（多选）	百分比
您认为综合实践活动课程的实施困难是什么	领导不重视	27%
	图书馆、网络资源匮乏	36%
	自身知识结构能力难以适应	69%
	活动主题难选	27%
	提供的活动内容可操作性较差	30%
	学生综合能力差	42%
	家庭和社会的理解、支持不够	60%
	班级规模较大	66%

4. 课程评价机制没有从根本上转变

调查显示(见表8):72%的教师表示学校有综合实践活动课程评价体系(包括教师和学生),28%的教师表示学校没有综合实践活动课程评价体系。通过浏览庐阳区教育体育信息网上有关“综合实践活动课程”的信息,可以看到庐阳区综合实践活动课程一些重大的活动安排,如学校之间的教学能手比赛、优秀教师选拔赛等。这说明,庐阳区比较重视教师实施成果的评价,对综合实践活动课程教师的评价受学科评价影响比较明显。在对教师的访谈中也了解到,学校还没有对教师建立一套标准的考核制度,甚至有些学校未对教师进行过考核。

表8 综合实践活动课程评价情况统计

问题	选项	百分比
贵校有无课程评价体系	有	72%
	无	28%
您对学生活动的评价方式有哪些(多选)	口头测试	51%
	档案袋评价	39%
	成果展示法	69%
	学生自评	60%
	教师、家长、学生互评	42%
	期末评优	30%
	学生课后作业评价	39%

关于教师对学生的评价方式,调查显示,69%的教师采用“成果展示法”,60%的教师采用“学生自评”,51%的教师采用“口头测试”的方法……由此看来,期末评优作为结果性评价仍然在综合实践活动课程的评价中占一定比例,而且成果评价、学生自评是教师常用的过程性评价方式。教师群体还未建立多元化评价综合实践活动课程的方法,评价方式过于单一。评价方式并不十分符合综合实践活动课程的目标,教师还是采用比较保守的做法,这可能与教师的专业素养和课程意识有关。

四、综合实践活动课程实施的思考与建议

(一)加强师资队伍建设,丰富教师的教育学和心理学知识

目前,合肥市庐阳区小学综合实践活动课程教师大多是语文、数学学科教师兼任,这势必会增加教师的负担。学校应该安排一些教育学或心理学专业的教师担任该门课程的教学工作,培养一些有实施能力的专职教师。学校可以采取招考、引进、定向培养等有效措施逐步改变这种不利局面。我们必须承认,综合实践活动课程师资队伍的建设是课程实施的重要保障。

加强教师岗前、在职培训,着眼于校本培训。学校对教师培训要有针对性和实效性,要精选有关综合实践活动课程书籍供教师阅读,丰富教师对课程的基本概念、性质、地位、价值的认识,消除教师的误解和心理排斥。另外,多组织教师外出考察,观摩优秀课例,与优秀教师进行交流。

教师对课程的认识与课程实施效果成正相关关系。目前,教师的知识结构单一、理论素养不足是制约综合实践活动课程有效实施的重要因素。教师的专业知识包括四个方面:本体性知识、条件性知识、实践性知识和广博的文化知识。综合实践活动课程开设以问题解决为核心,教师尤其需要教育学和心理学方面的条件性知识来应付各种复杂的环境,学校可以在教师培训中融入教育学和心理学知识。

(二)运用教学机智,提升教师的专业发展意识

教师是课堂教学的指导者。教师不应因为外在因素抱怨课程实施困难,而要看到自身的主动性,注重提高自身处理偶发事情的能力和克服困难的勇气。现代课堂强调教师处理紧急问题的应变能力,即教学机智。教学机智是指教师面对复杂教学情境所表现出来的一种敏感、迅速、准确的判断能力。教师应根据不断变化的教学情境,对教学偏差采取智慧性的行动,把学生引到教学计划上来。教师要具备教学机智,就必须不断加强自身的专业发展,丰富自身的理论素养,提升课后反思能力。每一位教师都要多走出去,争取一切可能在课堂之外不断发展自己的机会,让自身的专业理想、专业知识、专业能力和专业自我协调统筹地发展。

学校要以新的课程理念激发教师的教学热情,教学必须由关注知识的价值

转向关注学生经验的增长和学习态度的培养。综合实践活动课程不是将知识目标放在首位,而是强调情感和能力目标。教师应对新课程持积极乐观的态度,并给予充分的热情,加强同行之间的协作、交流、沟通,多渠道提升自身专业素养。另外,教师应强化自己的职业道德,消除对新课程的畏难和抵触情绪,树立教师职业责任感,应严格按照综合实践活动课程的目标设计教案,由忠实取向向创生取向转变,关注学生在活动中生成的问题,师生共同建构课程。教师作为课程的设计者和实施者,应解放思想、大胆实施,力促课程实施的多元化,在不断实践与尝试中促进自身专业发展。

(三)加强课程整体性研究,提升资源与学科整合能力

目前,综合实践活动课程还未纳入安徽省升学考核范围,但从长远来看,学校应该重视该门课程的实施和考核。小学阶段锻炼学生独立思考能力能为其他各门学科的学习起到辅助作用。

第一,加强课程资源与学科知识的整合。教师们希望在课程实施中能够发挥自身学科优势,把语文、数学这样的科目与综合实践活动课程整合起来。第二,课程资源开发应引进信息技术,开发微课程、慕课等新的课程资源,与新时代"互联网+"接轨。第三,课程的开设应灵活安排时间和地点。时间上利用节假日,地点上不局限于校内,让学生走进大自然,体验更多的课程资源。第四,开展多样化的活动形式,增加新的课程元素,可以把音乐、绘画、诗歌等多种艺术表现形式融进课堂。

学校应该健全课程实施保障机制,为教师灵活实施综合实践活动课程提供时间和场所保障。学校与家庭、社会沟通是学校更好实施课程的外部保障,外部环境的理解和支持程度也关系到教师实施课程的积极性。学校应协调好与社会、家长的关系,争取社会和家长的支持,做好校外保障工作。另外,一定的资金投入也是必要的,学校要为课程实施提供资金保障。

(四)健全课程评价机制,落实发展性评价原则

评价,正是一个发现这些已经制定和组织好的内容能在多大程度上产生期望结果的过程。通过对教师实施课程评价,我们能够发现这门课程中哪些是有效的实施,哪些是需要斟酌改进的。评价机制好比教学的灯塔,能够指引教师的教学方向。庐阳区还没有明确评价机制的学校应该尽快建立评价机制。

在教师评价方面，应设计评价维度和评价方案，建立完善的教师评价制度。访谈中，一位教师说："学校应该重视学生和教师的过程性评价，尤其要加强对教师的评估。"从发展性角度来看，庐阳区应该淡化学校之间的课堂教学评比、课堂观摩等，从教师群体的发展着手，在过程中评价教师，关注教师课程实施情感，提高教师群体的教学技能。过程性评价的价值在于及时获得反馈信息，在实施中不断纠正实施偏差，其目的在于提高教师的教学质量。

在学生评价方面，教师应增加发展性评价手段。综合实践活动课程的评价方式要以质性评价为主，减少量化评价。档案袋评价是综合实践活动课程的重要评价方式，学校和教师应该提高档案袋评价的比重，降低期末评优、课后作业评价的比重。同时，应灵活采用其他评价手段，如观察法、调查表法、师生民主评议法等。教师不要刻意追求教学结果，而要让学生在活动过程中探究、思考、创新，不断取得进步，让学生在评价中体会到成长的满足感。

综合实践活动课程管理中的活力与创新

梅得志[①]

一、引　言

我国的综合实践活动课程立足于从“第二课堂”到“活动课程”的实践经验积累，在新课程的架构中确立起自身的课程地位。这在我国课程史上是一个划时代的事件，是课程发展重要的里程碑。综合实践活动课程的设置，是教育适应时代发展的客观需求，也是教育发展规律的现实体现。对综合实践活动课程的推进及反思，是我们面临的重要课题。

二、综合实践活动课程概述

长期以来，传统的教育模式只注重学生对文化课知识的掌握，而综合实践课处于可有可无的状态。为了适应社会不断发展的需要，越来越多的有识之士呼吁对传统教育进行改革，综合实践活动课程应运而生。综合实践活动课程是一种具有规定性的课程形态，简言之即在教师的引导下，基于学生的经验，密切联系学生自身生活和社会实际，体现对知识的综合运用，学生自主进行的综合性学习活动，它包括研究性学习、社区服务与社会实践、劳动与技术教育、信息技术教育等领域。科学把握综合实践活动课程的性质和特点是综合实践活动课程有效实施的前提。

综合实践活动课程是一种经验性、实践性、面向学生生活领域延伸的综合课程。它以学习者的经验为基础，以社会需要和问题为核心进行课程整合，以培养和发展学生解决问题、分析问题的能力和综合实践能力，转变学生的学习

---

① 梅得志，男，本科学历，芜湖市青少年社会实践基地教师。主讲课程：综合实践活动。

方式和生活习惯为整合目标。可见,综合实践活动课程是一种注重学生多样化学习的实践性课程,与其他课程相比,整体性、综合性、实践性、开放性、生成性和自主性是其主要特点。

在传统学校教育模式下培养的学生,追求的是一种狭隘的、片面的智育发展,他们多数处于一种被灌输知识的状态。这种教育模式使学生一味追求文化知识的获取,而忽略了个性、创新性和多样性的发展。这种认知导致学生出现只会"啃书本"的局面,有的甚至沦为书本的奴隶。为了改变这种状况,培养适应社会发展需要的合格人才,根据国务院以及教育部相关文件的规定,综合实践活动基地在全国各地相继建起。我校积极响应国家政策,开设了十几门综合实践活动课程,并结合我校的实际情况开设了一些室外课程,例如关于大棚蔬菜基地、钓鱼基地、果园基地的课程等,为学生素质的全面发展提供支持和保障。通过这几年综合实践活动课程的学习,我校学生受益匪浅。这些综合实践活动课程不仅大大拓展了学生实践训练的内容,还从多方面激起了学生的学习兴趣,挖掘了学生的学习潜能,培养了学生的实践能力和创新能力,让他们在合作中增长知识,在实践中了解社会,同时加深了教师对综合实践活动课程的理解,让教师深刻体会到综合实践活动课程的重要性。

三、研究现状

就综合实践活动课程设置来说,全国各地不尽相同,每个学校都结合本地、本校的特点打造具有特色的综合实践活动课程。针对这些情况,对综合实践活动课程管理的相关研究主要集中在以下几个方面。

(一)综合实践活动课程管理的作用

综合实践活动课程管理的作用首先是保证课程正常运行,其次是要在正常运行的课程中促进教师自身能力的提高与发展,最后在课程中把教师和学生的个人智慧发挥到极致,合作探讨,发挥团队力量,凝聚集体智慧。

(二)综合实践活动课程管理中存在的问题

在综合实践活动课程的具体实施过程中存在很多问题,其发展情况并不乐观。关于这一点,许多研究者都从不同角度进行了研究和分析,如有的研究者从课程推进的宏观效果考察管理问题,有的研究者结合自己学校具体课程实施情况进行总结反思……通过分析得出,目前最突出的问题就是教育行政管理和学校实施管理上的问题。在教育行政管理上,课时管理以及师资等问题是主要方面;而在学校实施管理上,从内容设置到师资配备、从课程资源开发到安全教育等问题都亟待解决。

结合我校和其他学校的办学经验以及综合实践活动课程的实施效果来看,综合实践活动课程在管理上的主要问题有三个方面:首先,教师配置不合理。以我校为例,在我校从事综合实践活动课程教学的大多数教师主攻的是传统文化课教学方向,如有的主教数学、英语,有的主教体育、音乐等。从"术业有专攻"的角度看,一些教师本身就是综合实践活动课程的门外汉。由此可见,缺少专职教师,就难以开设好该课程,不利于这门课程的高效运行。其次,教育资源配置不合理。以我校为例,我校地处市郊,课程资源开发难以做到来源多样化。最后,安全教育问题。活动课本身给学生提供了一个较大的活动和实践空间,但由于学生认知还未完全成熟,自制能力和自我保护能力较差,在几次活动课中,有个别同学因活动方式不当,受到一些意外伤害。我校对学生安全问题十分重视,教师上课小心翼翼,实际操作起来束手束脚,最终导致综合实践活动课程在内容上重复、乏味,形式上单一、枯燥,从而和理想中的教学效果相距甚远,难以激发学生的学习兴趣,更难以调动他们的学习积极性。

综上所述,学校缺少综合实践活动课程的专职教师,使综合实践活动课程缺乏有效指导;学校、家长与社会受传统教育观念的影响较大,对综合实践活动课程认识不足。

对新型人才的培养,不仅要从文化上拓宽他们的知识面,还要从生活的各个方面丰富他们的视野,提升他们的综合素质,使他们成为适应新时代发展的实践型、创新型人才。因此,加快教学模式的转变对于我国教育来说显得更加迫切和重要。我们要不断借鉴国外学校综合实践的成功案例,从我国实际情况出发,做到具体问题具体分析,不断总结出有利于我国综合实践活动教学改革的方法和意见。如首珩在《借鉴国外实践教学模式　深化工学结合教学改革》一文中论述了德国的"双元制"模式、美国的"合作教育"模式以及英国的"三明治"教学模式。我们要"取其精华",思考这些教学模式对我国综合实践活动课程教学的影响以及实施的可行性,分析利弊,构建符合中国国情的特色教育模式。

四、教学内容的变革

(一)以实践活动为主线,发挥课程效益

在教学中应以实践活动为主线,以多种形式保证课程实施。学校在综合实践活动课程教学内容的设置上要坚持的原则是贴近学生日常生活,在小课题研究中培养学生合作探究的能力。例如,我校曾开展一项“携手并进”的活动,这项活动要求学生必须通力合作方能完成任务。每个学生在活动中都积极主动参与,团结互助,最后顺利完成了这节课的学习任务,课后总结感受颇多。这就要求教师在日常生活中多留心,观察细节,精心选取、设计与学生相关的课题,更重要的是要研究课题的实施可行性。实践表明,有趣味且有意义的综合实践活动课,可以丰富学生的学习方式,培养学生自主学习的能力,完成由传统的“要我学”向“我要学”转变。学生在实践的过程中,不仅调动了积极性和创造力,还培养了发现问题、分析问题和解决问题的能力,能够正确对待合作与竞争,初步养成团结合作、积极进取的良好品质。

就我校来看,我校地处市郊,环境优美,是建立中小学综合实践基地的理想场所。目前,我校开设了建筑模型设计、比特实验室、多米诺骨牌等十多门课程。本人任教建筑模型设计这门课程,它的特点是要求学生有较强的动手能力,同学们可以根据图纸搭建多种模型,也可以自我设计与创新。在操作过程中,会遇见各种各样的新问题,这就要求学生快速做出反应。记得有一节课是这样的,有两块塑料模具紧贴在一起,出现了拼接错误,学生现场无法打开,就向我求助。当时,唯一的工具是一把螺丝刀,由于模具间的缝隙较小,无法打开。其实我知道解决的方法,但没有直接说出来,而是问班级里的全体同学该怎样解决这一问题。同学们一个个跃跃欲试,有的同学脸上露出了不屑一顾的表情,但都纷纷举手要试一试。结果,没有一个人可以把它打开。我就引导大家开动脑筋,并且暗示这个问题很容易解决。这时,坐在角落里的一个很安静的小女孩举起了手,说道:“老师,我知道。”接着,她就走到讲台上,把这两个叠在一起的长方形塑料模具,轻轻地往地上一摔。顿时,这两块模具因为振动形成了较大的缝隙,接着,用螺丝刀就轻易打开了。

在这节课中,同学们模仿和创作了许多不同的作品,其中许多是具有实用性的新型作品。这节课后,我让学生进行总结和反思,学生们积极踊跃地发言,

阐述了自己的创作过程和理由。给我印象深刻的是,有一位女同学说得很生动,她说:“这堂活动课中的许多环节,是我们在平时的文化课堂中无法学到的,对提高我们的动手、动脑能力有极大的帮助。课中分开模具的事情,只要我们开动脑筋,找出正确的方法,事情就迎刃而解。”这节课对于中学生来说,从小处讲,可以启发思想;从大处讲,可以启迪人生。这种形式多样的活动能够促进和保证综合实践活动课程的有效实施。

(二)综合实践活动实施方法

1. 选好主题

选题要遵循一定原则。首先,要选取能让学生“心动”的主题,如开放性的主题就会达到良好效果。其次,要面向学生生活,且范围不宜过大。如我校开展了一项在室外用绳索荡过“硫酸池”的活动课,池中有好多水,虽然有学生掉进了水中,但大多数学生都能完成这节课的目标。整个教学中,学生们个个充满激情,亲自体验,在课后都有所感、有所思,都更加关注自我、关注社会,培养了良好的情感态度与价值观。

2. 引导思考

教师是一个标杆,在生活的各个方面都影响着学生的思维发展和价值观的形成。新课程需要新的教学方法,在实践过程中,教师要不断引导学生思考,在多方面指导下,帮助学生顺利完成综合实践活动课的学习任务。例如,为了让学生更好地理解某节课的教学目标和教学任务,可以在学生的认知基础上创设情境,引导学生综合运用已有知识去思考课程中遇到的问题,并锻炼他们独立解决问题的能力。引导时,要采取多种形式,层层递进,激发学生思维的最大潜能。

3. 交流评价

从社会学角度看,无论是传统教育模式还是新型的综合实践活动教学,课程教学本质都是人际交往、相互作用的过程。在综合实践活动课程中,交流和评价往往是互相渗透的。交流中体现着信息流通,学生在积极交流的过程中首先会自我评价,陈述自己的想法,获取他人对事物的看法和思考角度,思考他人的探究方法和思想精神,发现自身不足,并对自身不足进行完善。

在实际教学中,我会根据学生的特点做课前预案,认真备课,并做出相应的应急备用方案,对课程的每个环节都做到心中有数、有的放矢。针对每个环节,我都会给学生亲自示范、指导、讲解，让学生充分掌握每一个环节的要领和可能出现的问题，并寻找应对策略。例如，在我校的一节综合实践活动课中，在“横渡天梯”这个环节，我演示给同学们看，问他们看出了什么问题。没有学生回答。我再演示，让他们仔细观察。这时，有个男同学举起了手说：“我发现老师的身体运动同天梯上下振动的幅度是一样的。”我说：“太对了，你观察得很仔细。只有你的身体运动同天梯的整体运动幅度一致，才不会摔倒，才能顺利横渡天梯。”通过这节课，同学们都受益匪浅：一些学生不仅克服了对一定高度脚不着地的恐惧，同时还增强了战胜困难的信心和决心，更有学生感悟到了学习过程也是如此，只要有信心、有决心、有态度，就一定能够克服惰性、抵住诱惑、战胜困难。虽然课程只有短短的几十分钟，但使学生改变了对困难的认识，为他们提供了一种以多元化思维看待社会和世界的新角度，增进了他们的自信心、自尊心，甚至可能改变某些学生的一生。

（三）发掘综合实践活动课程的资源，从而激发学生的兴趣

中小学综合实践活动课程就是要积极开发并利用校内外各种资源，在实践的过程中，使学生形成探究和创新意识，学习科学研究的方法，拓展综合运用知识的能力，加强学校与社会的联系，培养学生的社会责任感和主人翁精神。我校在长江边上，一次室外活动课中，我将一个班的学生带到长江旁边的造船厂，让他们现场观摩工人们是如何造船的。一到现场就有学生问船体的下面为何有两条铁轨把船支撑着，造好一艘大船有多少道工序。学生们带着这些问题上船观摩，询问汗流浃背的工人师傅们，从他们身上学到了很多从未知晓的知识。通过这节课，学生们真正领会到了工人的伟大，深感劳动无上光荣。另外一节课，我把学生分成两组，一组走访了一个片区的民警。民警热情地接待了学生们，一一解答了学生所提的问题。片区有多少孤寡老人，有多少家庭正需要帮助，他都能一一道出，他让片区每一个需要帮助的人享受到党的温暖。通过对这位民警的细心了解，同学们深深被他从警为民、大公无私的人格魅力所吸引。另一组走访了一个三甲医院胸外科的当班护士。学生们到了科室，看见护士们非常忙碌，但个个脸上都带着甜甜的微笑。一个学生上前对护士说：“姐姐脸上的微笑真好看！”护士说：“我们的微笑表示我们热爱这份工作，同时还能给病人带来一个好心情，从而使他们早日康复呢！”之后，我再组织大家汇报各小组的活动情况。在轻松的氛围中，同学们各抒己见，兴趣盎

然,收获颇丰。这些活动让学生领略了警察和护士的敬业精神,以及每个人在社会中所发挥的作用,同时体验到了生活的真谛。综合实践活动课程,赋予学生以生活的意义和生命的价值,赋予教育以生命的活力。

学生是活动的主人,是实践者、体验者和评价者,在课程中要开展丰富多彩的实践活动,以充分调动他们的积极性、创造性和主观能动性。但在传统教育模式下,学生们参与社会、感受自然以及分享果实的机会太少了,一些功利性的教学在很大程度上剥夺了学生们的想象力、自由度以及创造空间。因此,作为教育者,必须肩负起课程改革的重大责任。综合实践活动课程从指导思想到目标要求,从实施原则到课程内容,都可以让学生获得一种别样的学习体验,体现了一种适应世界高速发展的教学观,让学生们在快乐的氛围和轻松的体验中学习,在兴趣的召唤下,在创新的思维中,在亲历体验的实践活动里,实现学校和社会的接轨,形成对自然、自我和社会的整体认识,培养高度的社会责任感,真正做到认识与实践的统一、学与思的统一。

给学生提供一个开放式平台,既能帮助学生不断积累知识,激发好奇心和求知欲,培养创新思维,增进沟通能力,提高综合素质,又能让他们树立正确的人生观、价值观和世界观。

五、总　结

随着时代的发展和社会的进步,生活的各方面都将发生巨大变化。经济的发展靠科技,科技的发展靠教育,教育的发展靠人才。因此,新时代对教育事业提出了新要求——新的人才观,即人才不仅要在知识上有所建树,还要在创新能力和综合素质方面有所提升。这就要求教育要打破传统教育模式,更新教育教学方式,全面提高学生主动适应社会变化的能力。综合实践活动课程是新一轮课程改革设立的一门必修课程,是基础教育新课程体系中的重要组成部分。与传统教学相比,它强调通过亲历体验来进行多样化学习,能够在更大范围内满足学生的多种需求,让学生在实践中加深对自己、对他人、对自然、对社会、对国家的理性认识和高度责任感,同时让学生在实践中获得多元感受,锻炼做事能力,逐步形成社会发展和生活方式变革所要求的基本品质。

百年之计,教育为本。我校起点高、功能全、士气旺,教师和学生对我校成为学生理想的综合实践活动基地都有很高的期待和憧憬,学校领导和教师对综合实践活动课程的推进实施都充满了信心。青年学生是祖国的未来,是中华民族永远屹立在世界民族之林的希望,参与综合实践活动课程的学习,可以健全学生的人格,让学生形成勇敢、顽强、坚毅、善良、忍耐、廉洁、宽容、谦让、善解人意、专注等优良品德,让学生能够紧跟时代潮流,明辨是非,正确认识自己、他人和社会,受益一生。我作为一名综合实践活动课程的老师,深感责任之重。虽然前行的教育之路可能是曲折的,但我坚信通过国家的大力支持,社会的大力倡导以及我们全体教师的共同努力、开拓进取,综合实践活动课程的发展前途必然是光明的。我能为党和国家的教育事业贡献出自己的一份力量而自豪,为培养出更多具有高素质、高才能的人才而努力。

综合实践活动课让学生真正“动”起来

李冬青①

综合实践活动课程是课程改革设置的一类新型课程。注重学生的实践体验、亲身经历是综合实践活动课程区别于其他各类课程的根本特点。没有学生的实践,综合实践活动课程就形同虚设。著名教育家陶行知先生说过:我们的教育要解放孩子的头脑,让他们能想;解放孩子的眼睛,让他们能看;解放孩子的双手,让他们能做;解放孩子的时间,让他们能学自己想学的东西。在活动的开展过程中,要让学生主动地“动”起来,主动地参与实践活动,让他们去实践、去探索、去质疑、去发现。

一、激发兴趣,使学生“乐意动”

兴趣是最好的老师。综合实践活动的开展,要鼓励学生根据自己的兴趣爱好选择课题,确定方向,积极地投入探究。学生只有喜欢、认可活动内容,其学习热情才会高,积极性才会高,活动成功的可能性也就会提高。因此,为了小组活动的有效开展,我们首先要关注活动的内容选择是否受学生欢迎。

(一)选择学生感兴趣的活动主题

杜威指出,儿童的本能生长总是在生活过程中展开的,生活就是生长的社会性表现。最好的学习就是“从生活中学习”,学校教育应该利用儿童现有的生活作为其学习的主要内容。应把教育与儿童眼前的生活结合起来。的确,依据日常生活中的问题,选取实践活动的主题,建立与生活的联系,使学生产生兴趣,是促进学生学习的原动力。所以,当我们为综合实践活动的选题而苦恼时,

① 李冬青,女,专科学历,怀宁县小市镇中心学校高级教师,政教处主任。主讲课程:小学语文,小学综合实践活动。

我们应该从观察身边的事物入手,选取贴近生活实际的题材,因为这是学生最感兴趣的主题。例如,在"生活中的垃圾"活动中,不少同学在问题调查中提出"废电池有什么害处""废电池该怎样处理""电池的成分是什么"等问题。于是,我让这些有共同兴趣的同学组成一组,进行调查研究。最后在成果汇报课上,他们给了我们很多惊喜,不仅把上面的问题解决了,还发现了生活中有很多"电池":太阳电池、金属空气电池……他们还请教了科学老师,设想出没有危害的电池。学生在活动过程中对小组选择的内容产生了浓厚的兴趣,这必然会激发他们探究的愿望,从而发挥出创造潜能。

(二)注重活动形式的多样化

主题选择好后,要让学生在实践活动中亲身经历、亲自感受,从而直接获得经验和真实感受。

可以根据内容进行角色的转变。在开展活动时,学生可以根据内容表演情景剧。通过互换角色,学生以一种新的身份来参加活动,能够获得新的认识。例如,在设计"我爱我家"这一活动课时,我事先请同学们观察一家人的生活情况,然后自由分小组做好准备,扮演一家人是如何生活的。有的小组表演的情景剧是《幸福的一家人》:爸爸、妈妈下班回到家就忙着做饭、洗衣服、打扫卫生,吃完饭后辅导孩子功课,一家人生活得其乐融融,充满了欢声笑语。这样的情境表演让学生们感受到了爸爸、妈妈的确很辛苦,也感受到了家庭的幸福。有的小组表演的情景剧是《爸爸、妈妈别吵了》:爸爸、妈妈一回到家就吵架,互相指责对方对这个家关心不够,絮絮叨叨,没完没了,给孩子的学习、生活带来了许多麻烦,也给孩子的幼小心灵烙下了伤痕,孩子渴望有一个幸福的家庭。通过活动,学生认识到了幸福的家庭对自己的成长是多么重要。

综合实践活动课中,学生的活动场所不再局限于课堂,可以根据内容的需要选择不同的活动方式,如观察、实验、手工制作、体验生活、采访、调查、种植等。学生可以到学校图书馆查找相关资料,可以到电脑室查阅网络资料,可以带着问题拜访社区的领导,还可以进医院、进宾馆、进超市,带着问题去采访。这种让学生自主选择活动的方式,可以满足学生个性发展的需要,从而调动了学生参与、探究的积极性。

二、优化结构,让学生"全程动"

综合实践活动强调学生的个性发展,尊重每个学生特殊发展的要求,引导学生通过实践、调查,激发探究心理和研究欲望。在确定了"风筝飞上了天"作为三年级的主题活动后,在具体的课堂教学中,我先让学生根据课本提示,自己制作风筝。在明媚的春光里,孩子们放飞自己制作的风筝,每个人都心花怒放。

在活动具体实施之前,我们对制作风筝的可行性展开了讨论和分析。我们学校是农村学校,孩子们会动手、爱劳动,并且很多同学对制作风筝有浓厚的兴趣。我们这里还有一个得天独厚的优势,就是有许多竹林,为制作风筝提供了材料。另外,村里还有一些会制作风筝的老人。这些都是开展风筝制作活动的有利因素。在调查、访谈之后,师生共同探讨并确定了活动的主题"风筝飞上了天"。对于这次活动,孩子们自始至终都能积极主动地参与,活动的效果非常好。

在综合实践活动课的组织实施中,应该始终把学生的自主性摆在第一位,让学生自主地、积极地参与活动,动口动脑,培养内在动机,激发潜力,发展个性特长,促进个体主动、和谐、全面的发展,让学生在自主活动中快乐成长。

三、放手指导,让学生"真正动"

要使学生的主观能动性在活动中得到充分的体现,教师从活动的设计、准备到实施、总结,都要放手让学生全程参与,使学生感到这是自己的"活动",从而真正动起来。

(一)让学生参与活动的设计

活动开始时,教师可根据活动的内容征求学生的意见。随着活动的深入开展,可将一部分内容交给学生准备。记得曾经放手让学生自主设计了一节以"山水安徽"为主题的活动课,学生积极思考,集思广益,设计了多个活动。例如,"搜集安徽风景照片",在班级开展风景竞猜活动;开展"争当家乡小导游"活动,介绍某一处名景;小组合作完成"我美丽的家乡"手抄报;等等。这些活动收到了良好的效果。

(二)让学生成为活动的主人

在教学中,教师要做到凡是学生可以完成的事情,教师决不可以越俎代庖。在学生遇到困难时,教师要及时给予适当的指导和帮助,鼓励学生自己想办法解决问题,用自己的耐心和热心成就学生的自主探究活动。

在开展"我的课间十分钟"活动中,关于如何获取课间学生不文明行为记录的资料,小组成员不知道怎样去做。于是我召集大家开会,在会议上,组长和组员畅所欲言,明确分工,制订细则,确定了检查时间与方式……经过教师的适时指导及学生自己的讨论、交流,学生很自信,至于怎样去完成这个任务,就放手让学生自己去做,结果每个小组都顺利地拿到了第一手资料。综合实践活动课不是教师"教"出来的,而是学生通过实践"做"出来的。教师要引导学生在搜集、整理、合作与交流中学习探究,在活动中培养调查研究和处理信息的能力,逐步提高分析问题和解决问题的能力。

四、展示分享,让学生体验"动之乐"

分享的快乐是加倍的,而展示分享又是综合实践活动的重要环节。因此,一次成功的展示分享,可以使学生充分体验其中的快乐,从而更加热爱综合实践活动课。首先要丰富展示分享的形式,这不仅能激发学生的创新意识,还能提高其审美能力。我们结合教学实际可以指导学生使用PPT演示、情景表演、操作演示等形式,生动、活泼、富有童趣地将自己开展综合实践活动的过程、体验、收获、感受等向老师和同学做展示,与大家共同分享成果、收获喜悦。

例如,在进行"购物袋与环保"活动的展示分享中,我特意请来了班上的其他授课老师以及少先队的各委员一起参与分享,并交流评议出最美观、最实用的环保购物袋。学生们在得到了众人肯定的同时,深刻体会到了综合实践活动的魅力,这就激发了他们对下次实践、探索的渴望。又如,在"我的蔬菜好朋友"活动中,各小组把自己喜爱的蔬菜用不同的表达方式展示给大家时,学生采取互评的方式,评价有的蔬菜画得很漂亮,有的蔬菜剪得很形象,有的蔬菜照得很清晰,有的蔬菜捏得很逼真……瞧着凝聚全组成员智慧的作品,听着全班同学由衷的赞赏,孩子们不仅学会了倾听、学会了反思,还学会了相互接纳和赞赏,也就学会了交往,更重要的是让作品展现在大家面前,让别人认可自己,同时认可别人。学生在这种成果展示中内化了品质,提高了学习积极性,从而走向自信、体验成功。

综上所述,以兴趣为载体的小学综合实践活动课是学生联系知识和实际生活的桥梁,对学生的探究能力和创新意识的培养起到了促进作用。在丰富多彩的以“趣”为线索的活动中,学生的综合实践能力得到了全方位的提高。

综合实践活动与数字化校园平台的整合

仝丰山[①]

综合实践活动课程是教育部规定的一门必修课程，它注重密切学生与自然、社会、生活等方面的联系，超越课本、课堂以及学校的局限，将活动向多领域延伸。数字化校园以数字化新技术为基础，利用先进的信息化手段和工具——计算机技术、数字化新技术、通讯技术等，对学校所有信息资源进行全面的数字化，并对这些信息资源进行科学规范的整合与集成，实现教育过程的全面信息化，从而达到提高教育管理水平和效率的目的。由此可见，在综合实践活动课程的开展中，推动数字化校园建设是时代的要求，两者融合是对基础教育的拓展和补充，对培养学生分析问题、解决问题的能力有很大帮助，也有助于提升学生的合作技能，激发学生的探索精神。

一、综合实践活动与数字化校园平台整合的优势分析

综合实践活动与数字化校园平台的有机整合可以将教与学、指导与活动融为一体。数字化校园平台是学生获取信息、自主学习、探索问题、解决问题的重要渠道，积极促进两者同步发展，不仅可以提高活动的效率，改善活动的效果，而且可以达到提升学生实践能力与创新能力的目的。

1. 构建数字化校园网络平台，提供辅助空间

综合实践活动注重学生创新能力的培养。在综合实践活动的开展过程中，充分发挥教育新技术的独特优势，创建数字化、技术型的校园网络平台，把“班班通”、多媒体、图书室、实验室等资源充分利用起来，建立完善的校园网，打造“互联网+校园”模式，向师生开放，可以为综合实践活动的开展提供辅助空间，

---

① 仝丰山，男，本科学历，砀山县实验小学高级教师。主讲课程：小学数学，小学综合实践活动。

在很大程度上扩充学生的活动资源。

2. 构建数字化校园网络平台,优化指导手段

在综合实践活动的实施过程中,教师不仅要具有先进的指导理念、指导方法,还要树立数字化新技术意识,积极将数字化校园与综合实践活动有机结合,从而把现代教育技术与综合实践活动紧密结合起来,让教育现代化在活动中"扬帆起航",把活动过程变成学生创新与提高的过程。

3. 构建数字化校园网络平台,优化活动过程

在综合实践活动的开展过程中,运用新型教育技术创设个性化的活动环境,可以优化活动过程。例如,采用"任务驱动法",在服务器上发布"上机作业",每个学生都很喜欢也乐意接受这样的"作业"。这种崭新的活动方式,让学生更加积极主动地学习、参加活动,激发了学生的活动兴趣和探究欲望。设计电脑作品、创办小报、制作贺卡等活动,可以培养学生搜集信息和处理信息的综合能力,提高学生捕捉信息的基本素养。

二、综合实践活动与数字化校园平台整合的方法探索

1. 充分利用数字化校园网络平台的丰富资源,推动综合实践活动的开展

学校积极开展学科整合与创新,构建数字化新技术平台,为综合实践活动提供多媒体资料,为师生活动提供丰富的资源,如文本、图片、音频、视频、优秀活动方案、精品课件、教研论文等。以我校为例,数字化校园平台资源内容如表1所示。

数字化校园平台为学生自主活动提供了丰富的资源,既有利于课程的整合,又满足了学生活动的需求,培养了学生解决问题的能力。

例如,在指导"小小发明家"这一主题活动时,我借助多媒体技术,先播放了一段发明博览会的视频,以此来激发学生的探究兴趣,接着用来自学生身边的发明方面的图片切入主题,引导学生提出疑问,进入该主题的探究活动。假如活动开始就直接问学生什么是发明,可能多数学生不知道,甚至会给学生造成一种心理负担。对比这两种方式,显然第一种更能激发学生的活动兴趣和探究欲望。在这一活动过程中,运用数字化校园网络平台的丰富资源,用栩栩如生的发明方面的图片和视频反映小发明、小创造在生活中的广泛应用,图文并茂地呈现活动内容,充分刺激了学生的视觉和听觉,极大地满足了他们视听感官

表1 数字化校园平台资源内容

项目	内容
文本	校本教材、教师自编的主题活动案例、学生撰写的调查报告、活动感受、体会、日记
图像	开展活动积累的图形、图像素材,如动物、植物照片等
音频、视频	教师优秀的公开课录像,学生或教师搜集的音乐、动画、游戏,开展调查活动时的录像
课件	与教学活动有关的游戏、PPT等
案例	课例、公开课的教案及教学设计等
评价标准	开展活动后学生或教师拟定的活动评价方案
其他	学校、社区资料介绍,其他网站

的需求,让他们对发明产生了极大的兴趣。大量的数字化信息让学生感受到了小发明并非高不可攀、遥不可及,发明其实就在自己身边,从而让他们以饱满的热情投入活动,实现主动探究。在活动展示环节,我们充分利用"班班通"这一平台,直观展示了孩子们的小发明构思、创造过程、小发明作品、收获等,同时同伴之间可以及时分享自己的小发明、小创造。这样既有成功经验的分享又有失败经历的反思,真正实现了综合实践活动的实践性和生成性。

2. 充分运用数字化校园平台,为综合实践活动提供丰富多彩的呈现方式

数字化校园网络平台承载着多种信息,具有人机交互的优势。它将投影、录音、录像、电视、电影、立体模型等教学媒体的优点集于一身,能够处理文字、图像、动画、音频和视频,可以提高综合实践活动课程开展过程中多媒体的展示力和交互性。近年来,数字化校园网络平台技术飞速发展,可以快速对信息进行收集、处理、存档,已经成为中小学课堂教学信息呈现的重要手段。因此,顺应时代发展,大力推进数字化校园平台建设,让"班班通"、学校在线课程、教师备课系统、教学应用平台、教师课题博客网等为学校综合实践活动课程的开展及发展提供强有力的支持,可以极大地丰富综合实践活动内容的呈现方式。

例如,我在指导"家乡特产——砀山梨"这一主题活动时,在成果展示阶段,呈现方式多种多样:擅长画画的同学可以利用画图软件,设计漂亮的砀山酥梨包装箱进行展示;喜欢写作的同学可以用word文档写出赞美家乡、赞美砀山酥梨的诗歌、散文等,并配以合适的图片,图文并茂地展示自己的成果;会用PPT软件的同学可以制作PPT;有表演特长的同学唱家乡的歌《梨花海》,诵家乡的诗《芒砀山》……丰富多彩的呈现方式让学生更加愿意展示自己。同时,在形式多样的实践活动中,学生的创新能力得到提升,自主性得到充分的发挥,个性得到充分的展示。

3. 借助数字化校园网络平台,运用信息技术手段进行评价,使评价更有效

综合实践活动的评价,需要新的评价理念,更注重新的评价方式,强调师生之间、同伴之间对彼此的个性化表现进行评价、鉴赏。发展性评价就是建立在这一基础上的一种新型评价方式。发展性评价注重过程,强调收集、保存、分析学生发展情况的资料,了解学生的过去和现在,评价学生的发展和未来。它注重学生在评价中的作用,提倡发挥学生的主体作用。在综合实践活动过程中,创新自我评价和相互评价的评价模式和学习环境,改变以往学生在评价中的被动状况。学生在评价过程中与他人进行协作,学会批判性思维,形成自己的价值判断。实践证明,借助数字化校园网络平台,科学有效地运用信息技术手段对学生进行发展性评价,可以提高综合实践活动评价的客观性、准确性、真实性、民主性和公正性,最大限度地发挥综合实践活动评价的激励作用。因此,借助数字化校园网络平台,运用信息技术手段对学生进行发展性评价,可以起到很好的辅助作用。

综上所述,综合实践活动课程与数字化校园网络平台的有机整合,为数字化校园的推进与发展带来勃勃生机,同时对综合实践活动课程的有效开展起到了积极的推动作用,将带动综合实践活动课程改革的进一步深化。

浅谈综合实践活动中学生科学素养的培养

余宏军[1]

随着科学技术的高速发展，培养学生的科学素养已成为基础教育课程改革所关注的重要问题。中国科学巨匠路甬祥曾经说过，普及科学知识，弘扬科学精神，提供科学态度和科学方法，为的是将13亿人口转变为创造性人力资源。这里所提到的科学知识、科学精神、科学态度和科学方法都属于科学素养的范畴。综合实践活动课程是新一轮课程改革创设的新课程，它强调学生从自身生活和社会生活中发现问题，学习和运用解决问题的科学方法，并通过多样化的活动方式和实践过程，培养学生的科学精神和创新能力，是提高学生科学素养的重要阵地之一。因此，如何在综合实践活动中培养学生的科学素养，是摆在我们一线教师面前的一个重要课题。

一、激发兴趣，培养学生的科学精神

孔子曰："知之者不如好之者，好之者不如乐之者。"科学兴趣是形成科学素养的不竭之源。要培养学生的科学精神，就必须将科学兴趣的激发作为切入点。教师要关注并呵护学生的好奇心与求知欲，进而想方设法将其转化为科学兴趣，成为学生学习科学的强大动力。为了充分调动学生的主动性、积极性，使其产生强烈的求知欲，我在教学中安排了如"怎样合理使用压岁钱""饮食与健康""巧取乒乓球""保护环境，爱我家园""吸烟的危害"等丰富多彩的活动。这些课题都与学生生活息息相关，引起了学生的参与兴趣，既让学生得到了最大限度的活动，又使学生的科学思维得到了质的飞跃。好奇心是孩子的天性，孩

---

① 余宏军，男，本科学历，霍山县与儿街明德小学高级教师，教务主任，霍山县骨干教师，六安市小学书法教育教学专家。主讲课程：小学语文，小学综合实践活动。主要研究方向：语文与综合实践活动的课程融合。

子对周围事物有浓厚的兴趣和强烈的求知欲,这极大地影响着孩子的思维发展和个性发展。例如,有一次组织学生开展"参观社区"活动时,学生惊讶地发现美丽的草坪却被一辆辆汽车碾得不成样子。"老师,这些汽车怎么都停在草坪上而不停在车库里?"我并没有急于做出回答,反问同学们:"你们想一想这是为什么呢?"顷刻间,大家你一言我一语,议论开来:"可能是他家没有停车位。""可能是因为这里有树阴。""可能是他只图自己方便。"……我首先对大家的想法给予了肯定:"同学们说得有道理,想不想知道车主们的真实想法?要想知道真实的答案,我们开展一次科学调查活动,怎么样?"同学们兴趣高涨,积极参与有关小区汽车停放的调查。通过调查访问,学生真实地了解了问题的答案,也认识到了科学调查的重要性。此外,学校还要积极营造科技教育的氛围。建设科技教育环境,对于创建学校的科技教育特色,促进学生科学素养的发展,起着十分重要的作用。科技教育环境对学生的引导、陶冶和激励等作用是含蓄的、持久的,科技教育环境建设对学校的科技教育具有辐射功能。学校可以利用宣传橱窗、黑板报,介绍科学名人,宣传科学发展史,发布最新科技成果,展示同学们的科技作品;同学们也可以通过校园网上的科普之窗和学校阅览室,广泛阅读各种科普知识,解决生活中的各种困惑。同时,教师应积极引导学生登录安徽基础教育资源应用平台,在个人空间里写一写自己的感想,转载新的科技信息,与老师、同学在线交流。这样,学生们随时随地接受着科学气息的熏陶,有利于培养学生的科学精神。

二、体验生活,增强学生的探究意识

古人云:"于无疑处见疑,方是进矣。"即有疑则思,有思则进。我们可以在活动过程中提出问题,设置障碍,有意识地让正确的科学知识与学生的自我认识发生矛盾,碰撞出智慧的火花。教师在活动过程中加以科学引导,就能使学生在获得知识的同时,培养探究意识和创新思维。陶行知先生说:"行动生困难,困难生疑问,疑问生假设,假设生试验,试验生断语,断语又生了行动,如此演进于无穷。"小学生视野狭窄,看世界的角度与大人是完全不一样的。鲜活的生活体验是儿童追求的目标,晦涩难懂的大道理绝对不会激起他们的学习欲望。实践活动中,学生大胆提出问题、主动解决问题的过程就是科学创新的过程。要培养学生的创造性思维能力,就要鼓励他们多问,让他们充满想象,大胆质疑,积极探究。哪怕有些问题是幼稚可笑的,有些发现是模糊错误的,甚至有些探索是失败的,我们都不要挖苦讽刺,而要从积极的方面加以鼓励,并帮助学生分析失败的原因,努力促使学生的创造热情得以燃烧和发展,养成科学的思维品质。例如,在“珍惜生命,远离火灾”活动课前,我首先请学生观看了一段火灾的视频,还搜集了大量数据,如我国每年火灾的财产损失大约有10亿元,有2000多人死亡。学生个个瞪大眼睛惊恐地问:火灾是怎么发生的?能不能预防呢?如果发生火灾怎样逃生?消防队员是怎样救火的?学生的问题泉涌而出。随后在组织学生逃生演练的基础上,让学生讨论交流,总结科学有效的逃生方法,让学生学会在生活中体验,在体验中探究。又如,在“饮食与健康”主题活动中,为了让学生了解日常饮食的合理搭配,建立科学健康的饮食理念,我引导学生对家庭开展一次调查活动。学生们发现并提出了许多问题:饮食的种类有哪些?饮食与健康有什么关系?不良饮食有哪些危害?怎样减少不良饮食对人体的危害?这一活动激发了学生自主探求知识的欲望,同学们纷纷醉心于对问题的探究中。小学生的生活是丰富多彩的,他们对周围的世界充满了好奇和疑问,虽然有些问题显得简单稚嫩,甚至有的不能称之为“问题”,但这些问题来自学生对身边生活的体验和对客观现实的直接观察以及自己的真实感受,有助于培养学生的科学探究意识。

三、指导实践,培养学生的创新能力

“纸上得来终觉浅,绝知此事要躬行。”一段时间以来,中小学科学教育存在重知识、轻能力,重结果、轻过程,重间接经验、轻亲身体验的现象,导致学生动手操作能力和综合解决问题能力不足。“做”的实质是动手,“做中学”的学习模式正是让学生通过亲身经历的实践探究活动来获取知识,并通过自己的实践探究活动,提高动手操作、探究和综合解决问题的能力。小学生对周围的世界充满好奇,喜欢追根问底,因此,在综合实践活动课教学中,要关注孩子的求知欲,满足他们要观看、要触摸、要制造、要活动的体验欲望,积极引导他们动手操作,亲身实践,合作探究,培养他们的创新能力。例如,在“保护环境,爱我家园”的实践活动中,通过教师的认真组织、精心安排,学生走出教室,到他们天天生活的街道、公园、家庭中去感受、去体会。围绕“保护环境,爱我家园”这个主题,同学们激情高涨,谈看法,出主意,自主合作,积极探究,大大激发了创新思维。同学们设计了“绿草茵茵,脚下留情”的警示牌,张贴了“我村是我家,环境靠大家”的标语,发出了“叔叔阿姨,请您把垃圾往这儿倒”的劝说,参与了“爸爸妈妈,我们一起捡垃圾吧”等活动,唤起人们保护环境、珍惜资源的意识,并取得了良好的效果。爱因斯坦曾说,想象力比知识更重要,因为知识是有限的,而想象力概括着世界上的一切,推动进步,并且是知识进步的源泉。教师在活动中要抓住有利时机,因势利导,教育学生大胆想象,甚至可以“异想天开”。大胆想象促使学生积极动手实践,在实践中合作探究,有利于培养学生的创新能力。在“地球家园”活动中,同学们进行了很多有趣的创新实践:有的小组用白纱布蒙住摩托车排气管口,观察机动车尾气的污染状况,上网查找对策;有的小组分别用工业废水和生活用水养鱼虾,再观察它们的成活状况,得出水污染的危害;有的小组在班级设计出垃圾分类回收箱,让同学们养成了垃圾分类投放的好习惯;有的小组设置各种各样的警示标牌,发出了“保护地球,爱我家园”的号召。动手实践很好地培养了学生的观察能力、思维能力和创新能力。

四、激活欲望,促进学生的个性发展

综合实践活动以其内容丰富、形式多样的特性,最终指向学生的个性发展。虽然活动内容各不相同,形式也各种各样,但都强调学生的动手操作和亲身体验,指向学生综合实践能力的养成。学生在体验和探究自然中不断成长,在参与和融入社会中不断成熟,在认识自我中不断提升。综合实践活动课的开设给了每一位学生展示自己的空间,学生的聪明才智在研究性学习中得到了充分展示,潜能得到了很好发挥,能力得到了较大提高;研究性学习增强了学生的自信,激活了学生的学习欲望,促进了学生的个性发展。例如,小明同学原先是个学困生,班里大部分同学都说他调皮,喜欢到处玩,不爱学习,都不愿和他交朋友,因此,他在班上很少说话,性格显得格外孤僻,渐渐地对学习失去了信心,成绩逐渐下降。为此,我做了不少工作,但效果不大。没有想到一次综合实践活动却彻底改变了他的现状。那是在“饮食与健康”实践活动中,小明按照老师的要求,出色地完成了任务。他对妈妈、爷爷、奶奶(爸爸务工在外)的饮食习惯进行了比较全面的调查,并在老师的帮助下上网查阅相关资料,了解成年人与老年人的食物营养取向,还给全家人提出了合理饮食的建议。在成果汇报时,小明同学第一次大胆地将自己的调查结果非常流利自信地告诉大家,同学们无不向他投去赞许的目光,并送给他热烈的掌声。后来他在日记中写道:“我喜欢综合实践活动课,是它第一次让我享受到成功的快乐!”此后,小明同学特别爱观察爱思考,总有自己独到的见解,他还喜欢把观察到的现象与同学们分享,老师经常表扬他是爱动脑筋的好孩子。渐渐地,他成为同学们的好朋友,也成为同伴们的学习榜样。综合实践活动给学生提供了展示自我、张扬个性的空间,能让每一位学生体会到成功的喜悦,点燃了学生求知的欲望和信心,促进了学生的个性发展,给教育教学带来了生机和活力。

总之,综合实践活动给学生的发展提供了广阔的舞台和发展空间,使学生确立了正确的价值观和良好的科学态度。我们应引导学生积极开展综合实践活动,在创新、启迪、实践和合作中体验实践活动的快乐,并引导学生领略科学创新实践活动的魅力,培养他们良好的科学素养。教师应在综合实践活动中采取多种有效的措施,倡导科学方法,弘扬科学精神,大力提高学生的科学素养,从而使综合实践活动课朝着更加有利于学生成长和发展的方向迈进。

综合实践活动课程中教师的角色定位

李冬青[①]

综合实践活动课程是一门由师生共同创生、动态生成的课程，是基于学生的直接经验，密切联系学生自身生活和社会生活，体现对知识的综合应用的实践性课程。它与一般学科的教学既有相通之处，又具有自己的特点。这就决定了教师在这门课程中的角色不同于其他学科，教师在课程实施中如何转变角色，有针对性地进行指导，组织灵活多样的交流活动，促进学生自主活动，是综合实践活动课程常态化、有效化实施的关键。

一、指点迷津——做一个出谋划策的"军师"

综合实践活动倡导学生的自主选择与参与，尊重学生的兴趣与爱好。但是其中的研究性学习，对于其基本的研究过程，主要的研究阶段(包括课题选择、方案设计、资料搜集、阶段总结等)，小学生往往不得要领，甚至不会，这就意味着教师必须给予学生方向上的指导与谋划。倡导学生对课题自主选择和主动探究是实施综合实践活动的关键，教师只能在学生遇到困难的时候在一旁给学生当当"军师"。学生选择课题摸不着头脑，"军师"提示他们，从自己的身边去寻找；学生把课题方案提出来了，"军师"俯下身来听听学生的设想，提出自己的合理建议。例如，武汉小学的刘延红老师在以"勤俭节约"为主题的活动中，从家长的一份求助信入手。家长在信中描述他家家境富裕，但他准备把孩子"穷养"。孩子不能理解他的良苦用心，在实施的过程中他与孩子之间产生了矛盾，于是他想到了求助老师。刘老师就抓住生活中这一典型事例，开展了一次别开生面的综合实践活动课。活动一开始，她在班上宣读这封家长的求助信，请求

① 李冬青，女，专科学历，怀宁县小市镇中心学校高级教师，政教处主任。主讲课程：小学语文，小学综合实践活动。

学生帮忙解决。一石激起千层浪，学生产生了共鸣，于是形成了一个主题“零花钱怎么花”。学生分小组讨论交流，写出具体事项，“一个月该花多少钱”，并由此引发思考：可以开个银行账户把多余的钱存起来，银行给利息，妈妈给奖励。此次活动，教师引导学生从生活实际出发，选择便于进行的小课题，在教师的策划下研究的可行程度大大提高了，还培养了学生的理财观念。

著名教育家陶行知先生提出了“做中学，学中做”的理论。综合实践活动重在培养学生的实践能力，而实践能力是通过学生自主地运用丰富多彩的活动形式，尝试性地解决生活中的实际问题来培养的。小学生的年龄特点和认知基础决定了活动中必然会遇到不少障碍，因此，教师要自始至终做好“军师”，为学生出谋划策。

二、身体力行——做一个实践活动的指导者

在开展综合实践活动的过程中，在每一个不同的阶段教师都应该给予适当的指导。活动开展之前，教师要让学生明确此次活动的目的与任务；活动实施过程中，教师要指导学生进行相关材料的搜集与整理；在整理所搜集到的材料时，教师要指导学生进行交流、共享，从而形成对某一个问题的基本看法，发展学生的实践能力，让他们形成良好的情感态度与价值观。

教师还应该善于挖掘生活中的资源形成课程内容，激发学生参与活动的兴趣。一角钱在常人眼里可能只是一角钱，但在沈旎老师手中却能变成观察课程的资源。一次“画硬币”的活动给我们听课的老师留下了深刻的印象。活动开始，她让我们回忆并画出一角硬币中的两面，其实这就是在检验我们的无意识观察能力。在我们一筹莫展的时候，她把事先准备好的硬币发放给我们，允许我们观察一分钟后收起硬币再画，这个过程的目的是训练我们的有意识观察能力。画好以后，她又一次提出要求，可以边观察边作补充，这一过程的实施其实就是记录的过程。活动进行到此，我们都以为“画硬币”已宣告结束了，谁知她又抛出了几个细节问题，目的是为了引导我们自己动手解决问题并学会观察体验。紧接着，她让小组长收集硬币，打乱顺序后再让每个人找出自己的硬币，并说出理由。最后，再交流比较几次“画硬币”的过程有什么不同，为什么会有这种变化。活动的几个步骤都是围绕观察来进行的，首先是有目的地去观察，然后是边观察边记录，紧接着是告诉我们观察时需要抓住事物的特征，最后引导总结出边观察边提问更能促进观察，把几个步骤串联起来引导

我们归纳什么是观察,观察时要注意什么。此时我们才明白,这次“画硬币”的活动目的是为了引导我们弄清楚观察的内涵。有了这次活动体验,大家自然而然很会总结。这个活动案例告诉我们:教师在组织活动时正确的指导是必不可少的。

三、全程参与——做一个亲密的合作伙伴

在综合实践活动中,教师应该成为学生活动的参与者,与学生一起合作学习,成为学生学习、活动的伙伴,有时还可充当学生的学生,真正做到“教学相长”。教师以伙伴的身份平等地参与,学生就会倍感亲切,更加有动力、有热情,自然地体验到与教师一起参与活动的乐趣。

教师在活动过程中要充分尊重并理解学生,引领他们在设定的主题范围内深入思考自己感兴趣的事物和现象,抓住学生的心理特点和兴趣爱好,制定出适合他们年龄特点和个性特点的活动实施方案,和学生一起开展丰富多彩的活动。

探究主题明确之后,教师要“帮助学生找到适合自己的学习方式和探究方式”。教师要参与学生的活动,用学生的眼光去看待他们的探究活动;教师不是旁观者,而是和学生一样有着浓厚的兴趣、积极的思维,能时刻关注学生的所思所想,发现他们的情感和思维的脉搏,并予以适时点拨;教师要与学生一样期待着成长和收获,享受成功的愉悦。教师要全程参与,与学生亲密合作,既要充当学生实践活动的合作者,又要做学生深度探究的指导者。教师在与学生的合作中能发现学生学习、活动等诸方面的心理特征,可以在自己的学科教学中根据这些特点改进教学,或者运用这些特点引导学生改进学习方法。

四、穿针引线——做一个牵线搭桥的主持人

主持人这一角色,首先让大家想到的是电视节目。如果说节目的构架和内容是一颗颗灿烂的珍珠,那么主持人就是把这一颗颗珍珠连接成珍贵项链的一条穿引线,一个成功的电视节目主持人可能是一档节目火爆的关键。综合实践活动课程中的教师就需要像主持人一样,在活动过程中善于调动学生参与活动的积极性,充分调动各种资源,引导学生积极主动地参与活动的全过程。

因为综合实践活动课程超越教材、课堂和学校的界限,在活动空间上向自然环境、学生的生活领域和社会领域延伸,在活动时间上不仅仅是课堂时间,更

多的是课外时间。虽然综合实践活动课程与学校的各类传统活动有着天然的“血缘”关系，但并不是所有的传统活动都符合综合实践活动课程的理念，比如学校平时开展的春游活动、秋游活动、读书活动等，在活动的开展过程中，学生只是停留在游玩、嬉戏状态，不能在活动中享受到自我发展、自主成长的快乐。这种活动的开展不符合综合实践活动课程的基本特征：自主性、开放性、综合性、生成性和实践性。可以说，这种类型的传统活动还不是真正意义上的综合实践活动课程。要想使传统的活动成为综合实践活动课，教师这一主持人的角色就显得尤为重要。综合实践活动课的内容是学生生活中的主题，是在学生、教师的讨论、沟通、交往当中运用各种方法所确定的活动主题或者问题。要想使春游、秋游活动真正成为综合实践活动课程的一部分，教师这一主持人就要设计明确的活动目标。比如，在活动中学生发展了哪些能力，掌握了哪些知识，等等。如果学生能够在活动中发现问题，带着问题来开展春游、秋游活动，并且尝试运用各种方法去解决问题，发展各种能力，那么春游、秋游活动就成了综合实践活动课程的一部分。

在活动过程中，教师还需要适时地启发学生发挥想象力、创造力，鼓励他们发表见解，进行独特的思维，并将他们的思维引向深入。当然，在时机成熟的时候，还可以尝试直接由学生担任“主持人”，教师做“嘉宾”。

总而言之，综合实践活动为教学改革带来了活力，让教师们走进了不一样的教育时空，让学生们感受到了开放自主的快乐。在教学过程中，教师应该把自己的有效指导、平等参与和引导学生主动探究有机结合起来。在活动的参与过程中，教师要体现“以人为本”的思想，只有坚持以学生为中心，找准自己在综合实践活动中的角色定位，才能高效地开展综合实践活动，提高学生的综合活动能力。

基于网络资源平台开展综合实践活动例谈

朱　芹[①]

一、引　言

综合实践活动课程是一门基于学生经验和生活的实践性课程，在实施过程中可充分运用信息技术等手段开展实践活动。安徽基础教育资源应用平台，是按照国家教育信息化的统一部署，整合各类教育教学资源所建的公共平台，为综合实践活动的开展提供了海量资源、互动空间以及个性化的成长档案，实现了网络学习空间与综合实践活动无缝对接，将信息技术与综合实践活动的教育教学深度融合。

二、安徽基础教育资源应用平台简介

（一）平台特点

安徽基础教育资源应用平台，是一个面向全省的互动式教学资源公共平台，重在“资源”与“应用”，采用“网络学习空间人人通”的应用模式，为师生搭建了实名制网络学习空间。

（二）平台基本结构

安徽基础教育资源应用平台主要由资源中心、互动社区、教师空间和学生空间等部分组成，其基本结构如图1所示。

---

① 朱芹，女，本科学历，蚌埠市朝阳路第三小学高级教师。主讲课程：小学信息技术，小学综合实践活动。主要研究方向：基于信息技术环境下的综合实践活动研究。

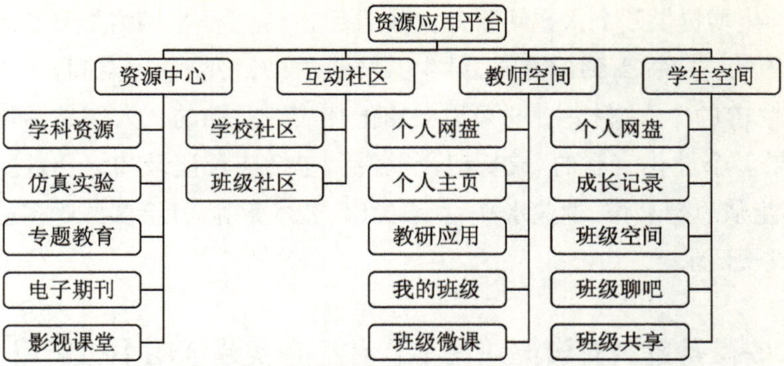

图1　安徽基础教育资源应用平台基本结构

三、安徽基础教育资源应用平台在综合实践活动中的优势分析

(一)为综合实践活动的开展免费提供海量资源

综合实践活动开展的基础是能够及时便利地获取海量的信息资源。安徽基础教育资源应用平台采用优质资源共建共享的形式,构建了公益性的优质资源库。目前,学科资源中心已拥有约170万份课件、教学设计等资源,涵盖了小学、初中、高中现行的各教材版本,并且还在不断更新。

(二)为综合实践活动的开展提供开放的互动环境

综合实践活动面向学生的整个生活世界,其课程内容具有开放性。综合实践活动强调富有个性的学习活动过程,其学习活动方式与过程、评价与结果均具有开放性。安徽基础教育资源应用平台开放的"学校社区""班级空间"等为综合实践活动的开展提供了开放的网络学习环境,学生可以依据需求,自由选择活动主题,还可以将收集、研究的资料随时上传至个人"学习空间",将研究成果分享到"学校社区""班级社区",通过"班级聊吧"及时交流,在开放的网络平台中掌握学习的自主权,成为学习的主人。

(三)为综合实践活动的开展提供个性化成长记录

综合实践活动的评价重在过程,通过观察,记录和描述学生在活动过程中的表现,并以此作为评价学生的基础。引导学生建立个人的综合实践活动成长档案,让学生充分了解与肯定自己,体验成功的喜悦。安徽基础教育资源应用平台为师生均提供了个人空间服务。截至目前,全省学生网络学习空间开通率由2012年的空白提高到84.03%,师生共开通了632万个学习空间,每位学生都拥有200 MB的个人文档空间,可以自由上传实践活动的个人作品、研究报告、研究成果。个性化定制的"成长记录"栏目,包括成长记录和综合素质评价模块,让学生从思想品德、学业水平、身心健康、艺术素养、社会实践等多种维度随时上传成长记录。

四、安徽基础教育资源应用平台在综合实践活动中的运用

(一)案例1"我的云端学习家园"——将熟悉资源平台的使用环境作为综合实践活动的主题

基于网络平台开展的综合实践活动课程有异于传统的教学结构,学生首先要熟悉安徽基础教育资源应用平台的使用环境。因此,我们首先基于安徽基础教育资源应用平台尝试开展体验活动,为期一个月,主要包括以下四个阶段(见图2)。

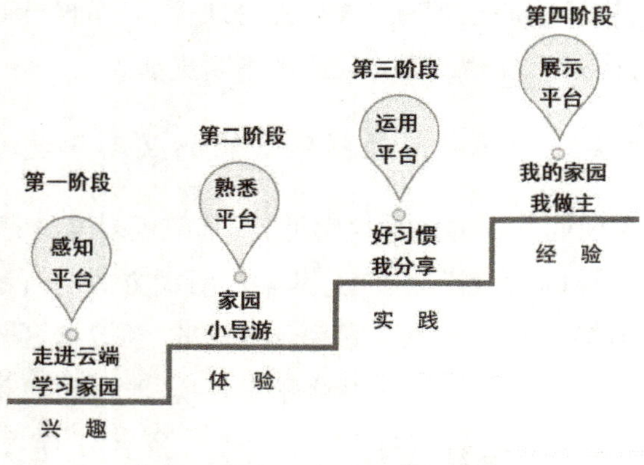

图2 "我的云端学习家园"主题活动阶段示意

1. 确定主题——"走进云端学习家园",重在激发兴趣

从兴趣出发引出学生自主探究的主题,引导他们分类、筛选,根据自己的兴趣自由分组,为整个综合实践活动的成功开展奠定基础。

要使综合实践活动顺利开展,首先要培养学生参与实践活动的兴趣。在确定主题阶段,重点围绕"兴趣"入手,我设计了一个形象生动的"科学小博士",由"他"引领学生的整个实践过程,并介绍资源丰富、功能强大的网络平台。接着

告诉学生在安徽基础教育资源应用平台中，每人都有自己的网络学习家园，最后引出“登录家园大比拼”活动。活动中生动的情境，有趣的竞争，极大地激发了学生探究网络平台的兴趣。我适时指导方法，从兴趣出发引出学生自主探究的主题，让学生通过完成“活动准备单”提出自己最感兴趣的问题，并将这些问题汇总在“发现号”表中，引导他们分类、筛选，让他们根据自己的兴趣自由分组。良好的开题活动为整个综合实践活动的成功开展奠定了扎实的基础。

2. 中期交流——“家园小导游”，重在亲身体验

综合实践活动特别注重引导学生在实践中获得积极的体验和丰富的经验。在中期交流阶段，我们以“家园小导游”为活动主线，在前一阶段初步感知网络平台的简单操作后，展开综合性体验活动，依据各组兴趣方向，自主探究，发现功能，充分体验，整理推荐。每组选出代表担任“家园小导游”，结合自己的体验向大家介绍本组感兴趣的网络平台栏目和特点，这既让他们梳理了前期所学，又锻炼了他们表达与分享的能力。

3. 深入探究——“好习惯我分享”，重在运用实践

“实践性”是综合实践活动课程最突出的特点，引导学生探究体验网络平台，不是单纯的信息技术训练，而是为了引导学生将其应用于学习实践，把日常的学习活动融入网络平台运用中，尝试发现问题，解决问题。

在活动的深入探究阶段，我们进行了一次“好习惯我分享”的活动。首先，教师在网络平台的班级作业栏目中发布活动要求，学生尝试在资源中心搜集有关学习好习惯的资料并保存在个人网盘中，然后利用课堂微课在线学习，在班级聊吧里和同学在线交流，在班级共享空间里展示自己的作品，等等。在完成这一系列分享活动后，学生逐渐体会到利用网络平台开展综合实践活动的便捷与快乐，形成积极的心理体验，逐渐提升利用网络平台开展学习活动的意识与实践能力。

4. 总结展示——“我的家园我做主”，重在形成经验

在第四阶段“我的家园我做主”活动中，主要引导学生对这一时期基于网络平台的学习体验活动情况进行总结汇报，以展示网络平台中自己的个人空间为主线，然后让各小组以组长为首，依次汇报自己的体验收获。展示阶段结束后，我并没有马上结束本次活动，而是组织学生对本次活动进行评价，总结活动成果。展示网络平台中自己的个人空间，可以积累信息化学习的经验，养成利用网络平台学习交流的习惯。评价时，首先让学生进行自评，自评的方式是填写自评表(见表1)。

表1 学生自评表

评价项目	评价结果(涂上相应的星号)
在体验活动中我始终积极参与	☆☆☆☆☆
在活动中我会自己发现问题	☆☆☆☆☆
我能通过自己的尝试找到解决问题的办法	☆☆☆☆☆
在网络平台上我会与老师、同学们及时交流和分享	☆☆☆☆☆
我了解了许多关于学习的好习惯	☆☆☆☆☆
在我的个人空间里积累了很多资料	☆☆☆☆☆

接着让学生进行互评,最后进行总结评价。教师要把自己定位为一名观众,把主体空间留给学生,以欣赏的眼光看待学生的收获。

(二)案例2"我长大了"——制作成长纪念册,拓展综合实践活动互动空间

1. 班级聊吧——及时沟通

与其他学科课程相比,综合实践活动课程最大的不同体现在学科内容、活动时间和活动方式的开放性上,没有固定的课程进度和教材结构的限制,自主、探究、合作的学习方式在综合实践活动课程中得到了充分的体现。安徽基础教育资源应用平台的"班级空间"和"班级聊吧"给了孩子们充分参与主题选择和研讨的自由空间,由于不受时间和空间的限制,师生们的主题研讨是完全自由与平等的,每一个孩子都可以充分发表自己的意见,表达自己关于研究主题的观点。综合实践活动重在实践,重在体验,只有当孩子们真正参与实践过程,通过自己的努力找到答案,他们才会有所收获。

在研究确定"我长大了"这个主题活动之初,我首先在安徽基础教育资源应用平台的"班级聊吧"里发布活动主题的征集活动,让孩子们自由发言,说说对这个主题的看法。孩子们各抒己见,我适时地加以引导,利用"班级聊吧",我们的研讨课堂延伸到了课外。在充分讨论之后,孩子们都觉得用照片记录自己长大了这个方式最好,明确了主题的方向之后,我们又将其进一步细化到具体的可表现的项目,制作一个记录自己从小长到大的"成长纪念册"。交流到此,孩子们不仅对活动的主题有了极大的认同感,还对接下来的实践活动有了更多

期待。

2. 空间互联——积累资料

收集资料是综合实践活动中必不可少的环节。收集资料,一方面是学生发现问题、解决问题的重要手段;另一方面,学生在收集资料的过程中可以养成敏感的信息意识,形成收集、利用信息的能力和信息道德。

在实际的活动开展过程中,我发现小学生由于年龄较小,生活自理能力不强,经常出现没有带自己课前需要整理的资料的现象,导致无法与大家及时地交流分享;而安徽基础教育资源应用平台为每一个注册成功的同学开辟了个人空间,这就避免了上述问题。例如,在指导以“我长大了”为主题的综合实践活动中,学生们需要收集从小到大不同时期的照片,用于制作成长纪念册。学生们利用安徽基础教育资源应用平台个人空间,可以在家里用电脑将电子照片上传至“个人空间／我的文档”中,在课堂交流和制作成长纪念册时,可以在任何一台电脑中下载使用,这为综合实践活动的开展提供了便利,也节省了大量的纸张和档案存放空间,为资源共享、资源积累、资源再生提供了极大的方便。

3. 微课课堂——个性化学习

当我们走进“微时代”,感知微学习不受时空限制时,微课的出现解决了综合实践活动课课时少、指导难的问题。微课的特点就是“精”“小”,所以当一些综合实践活动项目比较复杂时,我们可以将重、难点分割成比较细小的内容并制作成微课来讲解,这样学生在操作练习时可以分步骤实施,效率明显有很大的提高,而且理解能力较差的学生还可以暂停或重复播放相应的微课,重复学习从而掌握相应的技巧。结合安徽基础教育资源应用平台的课堂微课栏目,我们将成长纪念册需要收集的资料、设计制作的方法等内容制作成了微课,上传至平台的“课堂微课”栏目中,学生可以自由地选择时间和地点登录平台观看微课,边看微课视频边尝试制作成长纪念册。根据活动所需,我们可以制作相关微课放在信息平台,形成一个资料库,让学生在活动中根据需要观看所需的微课方法指导,从而习得技能。学生在实践活动中运用方法,在信息平台上提出疑惑,解决疑惑,共享探究,共同成长。“课堂微课”栏目让我们的综合实践活动方法指导课不受时间和空间的限制,大大提高了实践活动中教师的指导实效。

4. 成长档案——自我评价

综合实践活动课程“关注过程,兼顾结果”,其教学过程是教师主导作用的发挥,学生主体能力生成和发展的过程,具有很强的实践性。展示交流阶段既是主题活动的一部分,也是活动结果的呈现阶段。成果展示交流的目的是引导学生对活动过程、活动方法、活动体验等进行全面的总结与反思,让学生通过交流实现资源共享,深化活动体验,增强合作能力。可以说,有效的交流是实施综合实践活动课的重要环节。如果仅仅局限于课堂40分钟内进行展示交流,对于每一个全心投入活动过程的孩子来说都是有遗憾的。安徽基础教育资源应用平台提供的“班级共享”板块正好弥补了这一缺憾,在指导制作成长纪念册的活动中,学生将自己制作的成长纪念册上传至“班级共享”板块,在网络平台中学生可以不受时间与空间的限制,欣赏、评价自己和他人的作品,在“班级聊吧”自评互评。同时,利用安徽基础教育资源应用平台的“我的文档”,以“综合实践档案袋”的形式,将学生在实践过程中设计的方案、提出的问题、搜集到的资料、取得的阶段性成果制成资料卡存入档案袋,给予他们鼓励,促使他们更积极、更主动地参与实践。有了共享作品的平台,就能够鼓励学生积极进行自我评价、小组互评等,结合网络平台还可以邀请家长一同参与评价,这种开放式的多元评价体系,将使评价更加科学、全面和真实。

五、实践反思

(一)基于网络平台的综合实践活动将是未来课程的发展方向

安徽基础教育资源应用平台拓展了综合实践活动的时空范围,基于网络平台开展的学习活动将是未来学习的趋势。在整个活动过程中,孩子们始终兴趣盎然,在生动的情境中,完成有趣的任务,结合老师有效的方法指导,自主探究、体验和感受网络平台为学习交流带来的变革,有效积累信息化学习的经验。

(二)基于网络平台的综合实践活动还需多角度结合信息技术

信息技术领域是综合实践活动的重要探究内容,应利用网络平台将信息技术内容与综合实践活动的其他内容有机整合。仅仅基于一个单一的网络平台开展综合实践活动,往往会受到平台功能和速度的限制,实践中还需整合如移动媒体技术、QQ群组、网络云盘等多种信息技术,以实现互相补充。

总之，积极利用安徽基础教育资源应用平台开展综合实践活动前景广阔。海量的学科资源，灵活多样的板块设置，为综合实践活动提供了广阔的天地，有效拓展了综合实践活动的时空范围，提升了学校综合实践活动的实施水平，使学生在“互联网+”的空间中锻炼能力、施展才华、张扬个性，让学生增长的不仅仅是知识，更是从容面对未来的能力。

综合实践活动课程中研究性学习资源的开发

王 裕[①]

研究性学习是教育部2000年1月颁布的《全日制普通高级中学课程计划(试验修订稿)》中综合实践活动板块的一项内容。它是以培养学生具有永不满足、追求卓越的态度,培养学生发现问题、提出问题,从而解决问题的能力为基本目标,以学生从学习生活和社会生活中获得的各种课题或项目设计、作品设计与制作等为基本的学习载体,以在提出问题和解决问题的全过程中学习到的科学研究方法、获得的丰富且多方面的体验和科学文化知识为基本内容,在教师指导下,以学生自主采用研究性学习方式开展研究为基本教学形式的课程。

小学综合实践活动课程的内容不像其他学科那样界限分明和系统化,它具有较强的开放性。这虽然留给教师较大的自由空间,但由于学科专业素养限制,教师在日常教学中有许多困难,尤其是研究性学习领域,更让许多教师无从下手。课程内容是否符合课程的性质、是否具有教育性等,都需要教师去甄别。这些工作是学校教师以前未曾学习或实践过的,并且可供参考的相关研究并不充分。因此,小学综合实践活动课程研究性学习资源的开发值得探究。以下从自然现象研究、社会问题研究、自我问题研究以及与综合实践活动的其他领域相结合四个方面展开思考。

一、自然现象研究

自然现象指自然界中由于大自然的运作规律自发形成的某种状况,其完全不受人为主观能动性因素影响,如月圆月缺、四季变化、气候冷暖、刮风下雨、白

① 王裕,女,本科学历,六安市城北小学一级教师。主讲课程:小学语文,小学综合实践活动。主要研究方向:语文与综合实践活动的课程融合。

天黑夜等。自然现象的研究领域十分广泛,主要涉及与人的生存环境相关的自然事物或现象的研究。该活动领域的核心是人现实生活中的自然环境,往往以观察、测量、实验为基本的活动方式。小学生好奇心强,对一些自然现象有敏锐的捕捉能力,并喜爱寻根究底,教师便可以抓住这一契机,以学生的兴趣为出发点,结合学生的能力水平,寻找课程内容资源。

例如,对于动物冬眠这一特殊的自然现象,学生往往具有极高的兴趣,而且许多学生养过乌龟,见识过乌龟冬眠的现象,具备相关经验,那么小学综合实践活动课中教师可开发出“探究动物冬眠现象”这一课题,组织学生分组讨论,归类学生感兴趣的问题,延伸出若干子课题:

有哪些动物冬天需要冬眠?

冬眠时间有多长?

为什么需要冬眠?

动物冬眠后身体会发生什么变化?

……

学生可通过查阅资料、观察、讨论交流等方式展开研究,活动时间可长可短。在这个过程中,学生收获了关于动物冬眠的科学知识,增强了探究能力和合作能力,同时激发了自己对大自然的兴趣和热爱大自然的情感。

二、社会问题研究

每个人从一出生就不仅仅是一个自然人,同时还是个社会人,会接触各类社会问题。小学生年纪小,社会经验缺乏,但处于社会大环境中,就需要掌握相关知识。社会研究领域是围绕社会现实生活展开的,这些活动领域与培养社会责任感、做一个有见识的公民直接相关,教师可选择浅显的符合小学生年龄特点的社会问题供学生探究。

例如,城区上下班时间交通经常拥堵,孩子们上学放学时往往能亲身体验,这究竟是什么原因造成的呢?哪些人在这个时间段出行呢?有什么好办法能减少这一问题呢?从自己出发可以做哪些力所能及的事情来减缓上下班时间的交通拥堵?这一系列的深入发问经过整合细化便可形成一个完整的活动方案,学生在这一过程中不仅培养了研究性学习的能力,同时能体会到自己与这个社会息息相关,感受到社会人的意义。

(一)与生活中重大时政、节日相结合

综合实践活动课程是一个开放的课程领域,为了让学生适应社会、融入社会,教师可针对国内外大事和重要节日,及时开展一系列的综合实践活动。例如,党的十八大以来,中央高度重视培育和践行社会主义核心价值观,本市各个政府部门及事业单位都要求牢记核心价值观,而孩子们在背那24个字的时候并不理解每个词语背后的含义。此时,教师可借此契机开展“理解社会主义核心价值观”的综合实践活动,让学生通过查找案例资料、聆听党员讲座、小组探讨等一系列活动,真正了解社会主义核心价值观的内涵。

例如,在七一建党节前,设计“走进身边的共产党员”综合实践活动,同学们通过对社区内身边共产党员的走访,深深地明白:身边的这些党员所做的事虽没那么惊天动地,但平凡中透出伟大,他们在平凡的岗位上默默地奉献着自己的光和热。该活动让学生对共产党员有了更进一步的认识,党员的光辉形象在学生的心中变得更加高大了。

(二)与突发事件相结合

突发事件往往震动人心,给人们带来较强的冲击力,成为短时间内人们讨论的热点话题。抓住这一教育契机,将其转化为综合实践活动,对孩子们会有积极的社会导向。例如,2008年汶川地震后,每年的5月12日被设定为“防灾减灾日”,学校会拉警报举行地震逃生演习,但多数学生并不能体会到这一活动的严肃性,嘻嘻哈哈地当作游戏。教师可及时捕捉这一教育资源,将这一演习与综合实践活动密切联系起来,组织学生运用多种手段收集汶川地震的资料及其危害,讨论交流地震到来的应急措施,绘制图文并茂的小报。通过这个活动,孩子们既对每年的演习有了深刻的认识,又全面掌握了地震逃生的办法。通过观看视频资料,孩子们被战斗在抗震一线战士们的大无畏精神所感动,还可以对活动进一步生成,举办“走近抗震英雄”活动。

(三)与身边现实相结合

孩子们身边发生的事情更能够引起他们的共鸣,从身边出发,从小事入手,他们的研究积极性会更高。例如,这学期,我校一直宣传“早餐在家吃,不买零食”,学生对学校广播的口号耳熟能详,但被强制性要求不买零食,可多数学生

并不情愿。鉴于此，教师可组织学生开展“关注身边食品卫生”系列活动，学生自由组合调查学校周边摊点和零食的卫生情况，收集网络和报纸上有关食品卫生的资料，探讨不卫生食品对身体的危害，邀请医生到班级里做咨询，做个“健康小卫士”，在校园里宣传。这样一来，学生对学校的宣传感同身受，不仅对食品卫生有了深刻的了解，还养成了良好习惯，对身边人也会有积极影响。

三、自我问题研究

自我亦称自我意识或自我概念，主要是指个体对自己存在状态的认知，是个体对其社会角色进行自我评价的结果。在我们的经验中，觉察到自己的一切而区别于周围其他的物与其他的人，就是自我，涵盖我们的生理与心理活动。在学校里，孩子们会学习到各种学科知识，但很少学习认识自己和关照自己的内心世界，所以在自我意识、自我批判、自我中心、自我陶醉、自我认知方面或多或少会出现问题。小学综合实践活动课程可以弥补这一教育空缺，选择研究自我问题的课题，让每一个孩子在关注自我中成长。

例如，现今社会竞争越来越激烈，在高考的指挥棒下，唯分数论仍然深入人心，班级里测试不断，孩子们因为成绩的高低起伏身心受到影响。教师可开展“面对挫折”综合实践活动，让学生采访身边人怎样面对挫折，读名人传记，设计面对挫折的情境，讨论交流应该如何正确面对挫折，等等。学生在这个活动中会认识到每个人都会遇到挫折，要学会接受遇到失败的自己，遇到挫折不应该退缩，而应该正视它，选择合理的方法去战胜困难，这对孩子的一生都会有正面的影响。

四、与综合实践活动的其他领域相结合

小学综合实践活动课程的内容主要包括研究性学习、社区服务与社会实践、劳动与技术教育以及信息技术教育。研究性学习与其他领域并不是孤立的，从某种角度来说它更是一种学习方式，当它与其他领域相结合，会使综合实践活动的实施有一个很好的提升点，可以产生相得益彰的效果。

（一）和社区服务与社会实践相结合

例如，某所学校的一位教师充分利用家长资源，开展“小小交警”综合实践活动，让学生去体验交警的一天。按照以前的惯例，由教师事先联系好地点，和

交警沟通好,将学生随机分配在交警身边学习体验。体验一天,活动就结束了。在这样的活动中,学生自身的收获并不大。

研究性学习展开后,他们发觉可以把“小小交警”活动变成一次研究性学习活动。于是,教师向学生布置了任务,学生按照小组的形式开展活动,每个小组按照自己的兴趣选择自己的任务,自己搜集有关材料,自己设计活动的形式,加以实施。有的小组选择了搜集交通法规和交警职责资料,有的小组选择搜集交通标志和交警手势资料,有的小组选择制作宣传小报。他们在和交警交流,认识到遵守交通规则的重要性后,开展了“遵守交通规则从我做起”的宣传活动,向校园的师生和身边的亲人进行宣传。活动这样展开以后,学生的角色有了转变,从一开始仅进行体验的听从者转变为实践主体。在这个过程中,学生各方面的能力得到了很大的提高。

(二)和劳动与技术教育相结合

例如,某所城区学校里,孩子缺乏田间劳作的经验,经常五谷不分,于是教师组织学生到学校指定的田间进行观察活动,但是一天下来,活动效果并不明显,学生仅把这次活动当作一次出游,收获甚少。于是,教师进行了反思、调整,把它与研究性学习活动的要求结合起来,对整个教学的过程进行了重新设计。教师首先向学生介绍自己搜集的有关水稻的资料,讲述袁隆平研究水稻的故事,引起学生对水稻问题探究的兴趣,再布置一个任务,要求学生按小组分别从不同的角度来搜集有关水稻的资料。于是,同学们有的从植物学的角度,有的从生态学的角度,有的从地理学的角度,也有的从文学的角度,搜集了大量的有关水稻的资料。接着,各个小组把他们搜集的资料整理后发布在小黑板上,在教室里展示。各个小组所展示的内容不仅反映了他们在文献资料搜集方面的成果,还是一次小组间相互合作交流的机会。最后,教师才带领学生到田间体验插秧,到加工厂进行参观。学生在这一过程中对水稻的生长、大米的加工有了全面的了解,对水稻的种植知识有了一定的认识,体会到了农民伯伯的辛苦,认识到了要珍爱粮食,收获颇丰。

(三)和信息技术教育相结合

网络课程资源是小学综合实践活动课程的组成部分,以计算机网络为代表的信息化资源具有容量大、智能化、虚拟化、网络化等特点,对于延伸感官、扩大教育教学规模和提高教育教学效果有着重要的作用，是其他课程资源无法替代的。随着教育现代化进程的不断推进，信息化课程资源的开发与利用已势在必行，它将是最富有开发与利用前景的资源类型。西安市有所学校，信息课教学的内容是使用会声会影软件，以往教学中通常是教师逐步进行教授，学生跟着后面操作，整个课堂死气沉沉，学生兴趣不高。经过思考，教师决定改变这种学习形式，进行研究性学习，开展项目研究，项目的主题是“微电影大赛”。为了做好这个项目，学生分小组广泛地搜集有关资料，并进行筛选、整理、分析，利用课余时间进行简单剧情拍摄，同时主动学习使用会声会影软件。最后，每个小组都完成了一个很精美的微电影。事后教师发现，不仅原来信息课上要教的会声会影软件使用技术现在学生学得非常好，而且学生还学会了简单拍摄技术。

总之，综合实践活动是一门强调过程和经验的综合性课程。因此，要开好这门课，就必须做到课内课外、校内校外的有机结合。小学综合实践活动课程研究性学习资源的开发应该树立一种开放的思想，不局限于课堂，不局限于资源包，不局限于固定的课时，充分开发研究性学习可利用的资源，着眼于自然、社会、自我及其他领域上，使综合实践活动的开展具有更大的空间，从而促进学生全面发展。

刍议综合实践活动课程资源的整合

杨正东[①]

综合实践活动课程是一门综合性课程，它除了包括指定的四大领域外，还包括班团队活动，学校传统活动（科技节、艺术节、体育节），学生同伴间交往活动，学生个人或群体的心理健康活动，等等，几乎涵盖了学生学习、生活的各方面。实现综合实践活动课课程资源和其他资源的有机整合，是课程改革的要求，也是教育教学发展的趋势。

一、整合课程资源，丰富课程内容

《综合实践活动指导纲要（试行）》指出：在新的基础教育课程体系中，综合实践活动和其他的学科领域形成了一个有机整体，将综合实践活动课和各学科知识综合起来教学，做到书本知识与实践相结合，融知识和能力为一体，从学生的需要和社会的需要出发，把学科教学内容与综合实践活动内容恰当地整合，在学科、学生、社会三者之间寻求动态的平衡，从而使学科领域的知识在综合实践活动课中得以延伸、综合、重组与提升。

综合实践活动的内容不是完全独立于学科教学和学生现实课堂的。综合实践活动的课程资源更多地来自与其他学科的整合，突破学科教学自我封闭，从课内向课外延伸，形成学科和综合实践活动之间的优势互补。综合实践活动中发现的问题、获得的知识技能可以在学科学习中得到拓展和提高，学生对学科知识的理解也将更为深入、全面，学习的兴趣也将更为强烈。

在三年级以上班级，各学科都安排了一定内容的综合性学习活动，这就要求我们排除盲目性整合，做到有的放矢，结合相关学科切实进行有效整合。我

---

① 杨正东，男，本科学历，金寨县金江实验学校高级教师。主讲课程：小学体育，综合实践活动。

们要对各学科的实践性学习活动了然于心，先进行统筹安排，可以从单一学科入手，对本学科内部的内容先进行整合，也可以在单一学科进行整合的基础上再整合，努力使学生能够综合运用所学习和掌握的各学科知识与技能，从而形成对课程资源的整合。

二、整合教材，突破学科界限

综合实践活动与学科教学的整合就是将综合实践活动与学科课程的教学融为一体。一方面，在先进的教育理念指导下，把综合实践活动的目标、内容、学习方式等应用到学科教学之中；另一方面，通过学科教学使综合实践活动课程得到进一步的落实，综合实践活动课程将许多学科都融合进来，促进学生全面而健康地发展。

综合实践活动课程与学科教学的整合有利于教师对学科内的知识进行纵向联系。科学知识是一个系统的整体，有其内在的逻辑关系。在教学过程中，教师可不拘泥于教材现有的编排次序，在深入了解整个教材体系的前提下，可根据学生的认知水平，进行适当的调整，找到课程新的拓展点，对某些内容进行重组，引导学生主动探究知识，重视知识的建构。另外，我们现在所用的各科教材只是为学生提供一个范例，还有大量的知识需在课外得到补充。因此，我们要在综合实践活动课中对学科知识进行适当的延伸、拓展，使之与学科课程交相辉映，相得益彰。

综合实践活动与学科教学的整合可促进教师对一些相关学科进行横向综合。综合实践活动融合两门或多门学科知识，强调学习内容与社会发展、现实生活的紧密联系，把环境教育、健康教育、安全教育、现代生活教育、当代科技教育等融为一体，将各学科知识综合起来开展教学活动，做到书本知识与实践相结合，使学生既学得知识，又提升能力。通过研究，我们可以从学生的学习需要与社会需要出发，对学科教学内容与综合实践活动内容进行恰当整合，从而促进学生的情感态度和价值观的发展。我们可以把综合实践活动与各学科相联系，寻求它们之间的最佳渗透点、结合点，确定一些综合实践活动主题，然后和相关学科的教师联合指导学生开展各学科的综合实践活动，优化组合，从而达到预期的效果。

三、整合学校管理资源,促进课程有效实施

综合实践课程是否能正常实施,学校领导的重视程度是关键。只有学校充分认识综合实践活动课程在实施素质教育中的重要性,制定相应的管理制度,才能保证综合实践活动课程在相关年级的正常开设。要做到综合实践活动课程不能流于形式,学校应组建以校领导为首、其他职能部门为成员的课程领导小组,专门负责学校综合实践活动课程资源的开发、方案的制订与实施等。教研小组在综合实践活动课程的开展过程中应该统一认识,统一思路,集体研讨,加强理论引领,分享实践经验。综合实践活动课程具有综合性、开放性及与其他学科整合性的特点,有些知识是学科内的综合,有些知识是跨学科的综合,有的是本年级内各学科之间的综合,有的是跨年级各学科之间的综合,教师受所学专业的限制,单靠个人的能力难以完成,必须寻求合作。例如,我校张老师开展的活动课"走进春天",就涉及美术、地理、历史、数学、信息技术、生物等学科的知识,这样她就需要加强与其他学科教师的协作。

同时,设立综合实践活动课程管理部门,厘清各自职责,加强对实践活动各阶段实施的管理。综合实践活动是一门必修课程,同时又是一门新兴课程,学校或教师都缺乏对这门课程的认识,缺乏对这门课程开发与指导的经验。因此,要成立教研组,积极开展有效的教研活动,并积极组织教师培训。只有协作,才能顺利地完成活动任务,才能达到活动目的,取得成绩。这样,通过综合实践活动与学科教学的整合,教师的协作能力得到提高,教师的协作意识得到增强,就能够利用已有资源来开发资源、拓展资源,从而全面发展学生的综合实践能力。

四、整合教学模式,促使学生学习方式的转变

综合实践活动课程是中国教育改革提出来的一种新型课程,它不同于原有课程结构中的学科课程,是一种基于学习者的直接体验,密切联系生活、社会,在以学生自主活动为特征的实践操作中体现对知识的综合运用、发现新知识的课程形态。它强调学生通过实践,增强探究与创新意识,学习科学研究方法,发展综合运用知识的能力,有利于加强学生对自然的了解、对社会的了解,加强学生与社会生活的联系,建立新的学习方式,促进学生的情感态度与价值观的发展。

综合实践活动课程促进学生学习能力的提高，着眼于学生的终身发展和可持续发展，促进学生学习方式的转变，由单纯的接受性学习转向积极的探究与发现式学习，并且有利于提高学生的信息收集与处理能力。在学科学习中，学生获得了基本技能和基础知识；在综合实践活动中，学生将这些技能和知识运用于实践，进行创造性地学习。在新的基础教育课程体系中，综合实践活动与各学科领域整合形成一个有机整体。综合实践活动课程鼓励学生上网查找资料，向社会各界人士请教，向其他部门的专业人士请教……这些都是获得知识和提高能力的重要途径和渠道。通过亲身体验，学生可以获得一些书本上学不到的知识，并且终身受益。综合实践活动中所发现的问题、获得的知识技能，可以在各学科领域的教学中得以拓展和加深。学生完成作业的方式也发生了一些变化。综合实践活动课程的作业是多样化的，可以是上网查找资料，到图书馆查找资料，也可以是完成一个小实验、小制作，进行某项调查，等等。这样一来，学生不仅掌握了知识，还学习了方法，培养了能力，提高了兴趣，终身受益。

传统的教学模式注重课堂教学的严谨性和学科本位性。综合实践活动课程的教学模式强调完全以学生为主体，教师引导学生在自己感兴趣的方面进行探究活动，注重探究的过程，享受由探究带来的成功的快乐。综合实践活动课程整合学科资源和综合实践活动资源，努力创设一些条件性资源、设施、资料、活动基地（例如，建设综合实践活动基地），在引导学生学习相关知识的同时，以教材为引子，进行尝试性的探究活动，在综合实践活动和学科教学的相互作用下提高学生的实践活动能力，发展学生的综合素质。

教师教学模式的改变，要体现综合性、开放性和实践性，突出学生的主体地位。以“一切为了学生的发展”为着眼点，在“综合实践活动”“学科教学”中充分发挥学生的主体作用，让学生在主动探索中求发展。综合实践活动内容的选择与组织以学生为核心，主要围绕学生与自然的关系、学生与他人和社会的关系、学生与自我的关系组织开展活动。在课程实施中，教师既不能“教”综合实践活动，也不能推卸指导的责任，放任学生，而应把自己的有效指导与鼓励学生自主选择、主动实践有机结合起来。教师要对学生的活动加以有效指导，创设学生发现问题的情境，引导学生从问题情境中选择适合自己的探究课题，帮助学生找到适合自己的学习方式和探究方式，倡导团队指导与协同教学。

五、整合对学生的评价，突出学习过程的体验

学科课程往往是单一的评价，而综合实践活动课程对学生的评价采用多方面、多方式、动态的评价，注重学生的发展，尤其是学生的能力发展。综合实践活动课程主张采用“自我参照”标准，以学生已有的发展基础为评价标准，突出学习过程的体验以及情感态度与价值观的培养，引导学生不断地进行“自我反思性评价”，强调对师生个体间的个性化表现进行评价。

通过各种途径对学生的综合实践能力，情感态度与价值观进行综合性的评价，并观察、记录和描述学生在活动过程中的表现，以此作为评价学生的基础。

总之，我们所处的是一个资源综合的大社会，这是一本取之不尽用之不竭的活教材，它为我们的教学提供了活生生的现实教材，也为孩子们的活动提供了比教材更丰富、更生动、更贴近生活、更富有情趣的课堂。综合实践活动课程的开展需要超越教材的载体以及课堂和学校的时空局限，需要我们紧密联系各方资源，实现多元整合、多方实践，搭建综合实践的新课堂，使学生在多彩的活动中亲身体验，真正做到在实践中学习，在生活中实践。

多方关注，打造综合实践活动灵动课堂

江　南①

综合实践活动是一门贴近学生生活实践、社会实践、科学实践的课程，其课程内容主要来源于学生生活。学生通过观察、实验、探究、设计、创作、想象、反思等一系列活动，获得体验与感受，发现问题，解决问题，加深对自然、社会和自我之间内在联系的认识，从而提升自我。因此，活动中教师只有做到多方关注，才能让学生终身受益。

一、关注整体性

综合实践活动每个主题的开展一般都包括开题活动、实践活动、交流活动和展示活动等诸多环节。根据不同的主题，每个环节又可以生成不同的课型，如主题探究课、方案设计课、问题讨论课、中期交流课、成果设计课、成果展示课、结题报告课等。每个环节既是相对独立的，又是与整个活动相辅相成的。所以，在实施探究的过程中，我们既要考虑到每个环节，也要关注整个活动。

例如，开展"理性消费"主题活动，我们可以在方案设计时先对活动进行合理的分析、预设和构想，然后针对活动需要分为"畅谈消费—探究不合理消费现象及其原因—回归生活，探究合理消费—制订消费计划"等几个环节进行。为了让每个环节的活动不脱离整体，开题活动时就可以提出问题，采用筛选、归纳、分类等方法对学生进行有效指导，并根据不同的问题让各组的同学分工合作。活动时，指导学生分别对学校、家庭和相关部门进行调查和访谈，对结果进行总结和分析。从每个活动环节来看，所有的价值判断都回归学生自己，学生形成了自己的合理判断和思维，达到了活动的效果。同时，研究了消费计划方

① 江南，女，本科学历，安庆市中兴小学高级教师。主讲课程：小学语文，小学综合实践活动。

案的可行性,考虑了活动的延续性,为学生下一步活动的开展奠定了基础,这正是活动的整体性需要。

二、关注实践性

动手实践,是综合实践活动课程的基本学习方式。综合实践活动课程比其他任何课程都更强调学生对实际活动过程的亲历和体验。如何在活动过程中体现学生的实践性？我们可以从学生的全面参与和收获成效两个方面来讨论。

全面参与是指综合实践活动的设计要面向全体学生。著名的心理学家皮亚杰指出,儿童是具有主动性的人,他们的活动受兴趣和需要的支配,一切有成效的活动必须以某种兴趣做先决条件。小学生的问题意识淡薄,教师要带领学生精心创设生动有趣的活动情境,引发他们对问题的思考,以此促进他们在活动中全面参与。例如,针对小学生爱吃零食的习惯,可以引导学生思考如何做到“健康饮食”;针对身边同学乱花钱的现象,可以引导学生调查研究如何做到“合理消费”;针对生活中浪费水的现象,可以引导学生关注生活,思考如何“节约用水”;针对身边环境遭到破坏的现象,可以引导学生进行采访,思考如何“做环境小卫士”;等等。带着这些问题去开展相应的主题活动,因为这些活动来自学生的生活实际,所以每一个孩子都积极参与,乐于参与,活动的效果也就更加明显。

收获成效是指活动的效率。综合实践活动的效率不是指获得的结果,而是指学生在活动过程中的收获、感悟、启迪、体会等。活动主题不同,活动形式多样,活动效果也不尽相同。针对不同的活动,我们要有不同的评判标准,不能“一根尺子量到底”。例如,调查类活动,主要是看调查的目的是不是达到了;小组合作类活动,主要是看合作的效果是否呈现出来了;制作类活动,主要是看制作过程中学生有没有主动参与;体验类活动,主要是看学生体验后的感受与收获。所以说,在综合实践活动过程中,结果评价是次要的,过程评价才是收获成效评判的主要标准。

三、关注方法指导

综合实践活动是一门注重实践性与操作性的课程,因此,活动中我们应该关注方法的形成。教师要充分发挥自身参与者与指导者的作用,把行之有效的方法教给学生，并引导学生在探究、调查、访问、观察、操作等一系列实践活动中，变方法为经验，让学生享受到成功与快乐。

例如，调查访问是综合实践活动课程中最主要的一种活动方式。确定调查对象、拟定调查提纲、选用调查形式、整理调查结果等，对于小学生来说都是比较困难的。在开展这样的活动时，老师要有意识地培养学生的团体意识与团队精神，发挥每一个个体的作用。活动前分组，既要考虑小组成员的兴趣，也要考虑成员能力的互补。活动中，如何筛选调查内容，如何安排小组成员，哪些学生实地调查，哪些学生上网搜索，哪些学生收集整理，哪些学生记录，等等，这些既是对学习方法的指导，又是对合作学习的指导。只有通过有效的分工和指导，每个个体在具体的调查访问中才能主动感受、充分体验到活动的乐趣。

四、关注活动评价

课堂教学是一个动态生成的过程，只有抓住不同的环节，对学生进行合理的评价，才能最大限度地启发学生的思维，调动学生的探究欲望。综合实践活动的评价是多元的，可以就一个观点、一个方案进行评价，也可以对整个活动进行评价；可以是学生的自我评价，也可以是师生共同评价或生生相互评价；可以对活动结果进行评价，也可以对活动过程进行评价。不管是哪一种评价，只要能带给学生帮助，只要能激发学生活动热情，只要能提升学生能力，我们都认为是行之有效的。

例如，开展“学做凉拌菜”主题活动。活动中，我们采用师生评价和学生互评相结合的方式进行评价。在教师评价方面，不单纯就学生的表现进行评价，如：“你真棒！”“你真聪明！”而是考虑带给其他学生思考和学习的空间，评价时更为注重的是对学生活动态度和活动方法的肯定和激励，如：“你采用的是实际操作的方式，制作得很成功！”“真不错，你不仅有合理的调查方式，还进行了综合分析，老师把掌声送给你！”在学生互评方面，我们设计成小组评价，例如，小组设计内容是否围绕主题展开？有没有重复、无价值的内容？你有更好的建议吗？同时，在班级里举办“厨艺大比拼”的实践操作小竞赛和“酱醋油糖葱姜蒜”的凉拌菜小常识抢答赛进行综合考查。活动多元化，评价多元化，促使学生在整个活动中做到有的放矢，收获多多。

总之，综合实践活动课程是一门充满魅力的课程。多方关注，多样化设计，为学生提供多元自主的学习机会,满足了学生发展个人兴趣的需要。学生的个性在实践中得到张扬,学生的整体素质在实践中获得提高,一个个新的生命在实践中得以生成。

在综合实践活动中培养农村学生的创新能力

代慧慧[①]

2015年秋季，我刚接手了一个四年级的班，这些孩子相对于六年级的孩子来说年龄比较小。我认为学生年龄小会胆子大，思维较活跃，可是事实并非如此。一次，音乐老师让三个孩子去一楼办公室搬电子琴，特别交代了电子琴的位置：旁边有一个绿色的杯子，上面放了一本音乐书，书上面还有一盒彩色粉笔。结果孩子们把绿色杯子、音乐书、彩色粉笔都拿来了，就是没有搬琴。我不禁疑惑：这些学生怎么了？是没注意听老师的话，还是没有听明白？他们可以想一想、讨论讨论、交流交流啊！问及其他班，同事表示也有类似情况："凡是动脑筋的事，都不要让学生做，结果肯定办不好。""遇到主观题或者有一点难度的题，学生不愿意动脑筋，检查时都是空白。"

听了大家的话，我不禁思考：这些农村学生不善于思考，实践能力差的现象不正是创新能力不足的表现吗？导致这种现象的原因是什么呢？

一、农村学生创新能力不足的原因

（一）农村留守现象普遍

目前，由于国内经济的发展和地区的差异，进城务工的农村劳动力越来越多，进而导致农村留守儿童也越来越多。就本班而言，学生总人数为79人，留守儿童则达到了63人，所占比例高达79.7%。他们年龄小，自控能力差，身边无父母及时教育引导，没有良好的学习习惯，缺乏主动思考的意识。

---

① 代慧慧，女，本科学历，临泉县张新镇中心学校一级教师。主讲课程：小学语文，小学综合实践活动。主要研究方向：综合实践活动对农村学生创新能力的培养。

(二)获取信息的渠道狭窄

农村学生对外界事物的感知主要来源于生活中的所见所闻。他们没有优越的外出活动条件,没有获取信息知识的丰富渠道,课余生活比较单调,自身见识较少。因此,学生过于相信老师,没有自己独特的看法,没有怀疑的精神,思维模式固定呆板。

(三)家长不够重视

皖西北农村经济基础较落后,没有良好的教育环境,并且学生家长们文化水平都比较低,对孩子的教育不够重视。据统计,本班79位学生中,10位学生的家长是天天检查并辅导学生的作业,60位学生的家长只督促学生写作业,9位学生的家长没有检查也没有督促过。其他班的情况跟我们班基本一样。家长的重视程度,直接影响对孩子的教育。

(四)教师引导不足

在农村,普遍存在师资不足现象,教师负担重、压力大已经成了工作常态。就本镇而言,其中一个乡村小学6个班级只有7位老师,他们基本上是包班,教学任务重,压力比较大,再加上知识能力水平有限,无暇顾及学生创新能力的培养,也没有引导学生创新的能力。教师引导不足,直接影响了学生创新能力的发展。

然而,现代社会是知识时代、经济时代、创新时代,急需创新型人才。这些农村学生长大后注定要走向竞争激烈的社会,如果没有突出的才能,没有创新精神,就不利于他们的长远发展,不利于国家和社会的发展。因此,对于国家和社会来说,都急需培养农村学生的创新能力。作为一名农村教师,怎么样才能培养他们的创新能力呢?

二、培养农村学生创新能力的方法

钟启泉等主编的《为了中华民族的复兴　为了每位学生的发展:基础教育课程改革纲要(试行)解读》指出,素质教育的总目标是以德育为核心,以创新精神与实践能力为重点。李臣之在《综合实践活动课程开发》中指出,综合实践活动课程有助于素质教育政策的有效落实。因此,开展综合实践活动是培养学生

创新能力的一个重要途径。我认为可以从以下几个方面做起:

(一)在自主活动中激发学生的创新兴趣

综合实践活动充分尊重学生的兴趣、爱好,为学生自主性的充分发挥开辟了广阔的空间。众所周知,探索任何一种事物都离不开对这种事物的兴趣,正如爱因斯坦所言"兴趣是最好的老师"。在综合实践活动中,教师应该站好自己的"主导"位置,坚持学生的"主体"地位。在教师的引导下,各组组长紧抓学生感兴趣的内容,组织学生讨论交流,自主确定主题,自主进行活动设计,包括活动内容以及活动成果的汇报形式。同时,在自主活动中,教师要充分给予学生展示自己的自由的、广阔的空间,鼓励学生大胆表现自己,不断激发学生的想象力,挖掘学生的潜能,促使学生积极探究、乐于创新。

在一次以"学做炒饭"为主题的活动中,我以旁观者、引导者、欣赏者、品尝者的身份让学生自主进行设计、创作。学生们在掌握了制作炒饭的方法后,我又提醒大家:"你们能设计出有特色的炒饭吗?"这激发了学生的兴趣。有的学生在食材上进行了创新,有的加入了鸡蛋、胡萝卜、火腿肠、黄瓜、腊肉、牛肉等,口味十分丰富、独特。学生们的成果展示后,得到其他老师和同学们的一致赞赏,他们的兴趣得到了进一步的提高。

(二)在提问中激发学生的创新意识

提问的作用主要是激发学生积极思考。教师可以引导学生选择感兴趣的活动进行探讨。对于感兴趣的内容,学生会提出各种问题,并积极思考、努力探究。教育家培根说过,疑而能问,已知知识大半。学生能主动提问,说明他在积极思考,这样有利于锻炼学生思维的敏捷性。学生不断地提问,就会不断地思考,思维就会更加敏捷,从而激发学生的创新意识。

在一次"走进乡下人家"的主题活动中,我首先展示了一张当地的乡村人家的照片,并引导学生说:"你们知道这是哪吗?想去吗?"大家都兴高采烈地回答:"想去。"然后我就说:"好,今天,老师就带领大家去看看乡下人家,可是,我有很多不明白的地方,你们愿意帮我吗?"孩子们迫不及待地说:"老师,你快说吧。"于是我说:"我有很多问题,同学们猜猜老师会有哪些问题呢?"并引导学生大胆发问。结果学生从不同角度提出了很多问题,比如:

咱们这么多人怎么去?

去谁家?

乡下人家的主人同意吗?

怎么和乡下人家的主人联系?

没有交通工具怎么办?

校长不同意老师带咱们出去怎么办?

身体比较瘦弱的怎么去?

乡下人家是什么样子的?

怎么样把你家的景色展现出来?

乡下人家喜欢种什么植物、养什么小动物?

乡下人家的生活是怎样的?

乡下人家人与人之间的关系怎么样?

乡下人家都喜欢什么活动?

……

学生提出的问题很好,但有些杂乱,于是我让他们讨论交流,并将这些问题分类。就这样,不知不觉中激发了孩子们主动思考、乐于创新的意识。

(三)在实践中培养学生的创新个性

学生个性发展与学校教育提供的教育时间和教育空间有着密切的关系。综合实践活动课程采用主题方式组织课程内容,课程实施重视过程,充分尊重学生的学习基础、经验和个性特点,给每一位学生提供选择、实践、参与活动的机会,这些特点与做法为学生展示个性和个性发展提供了较大的空间。由此可以看出,综合实践活动充分照顾到了每位学生的个体差异,最大限度地给了学生发展自己独特个性的空间,有利于学生创新个性的培养。那么,在综合实践活动中,怎样才能培养学生的创新个性呢?

1. 营造和谐的气氛,培养学生的自信心

在紧张的活动气氛中,学生由于担心、害怕等导致缺乏自信,不敢展示自己、表达自己,不利于创新个性的培养。因此,要营造和谐、愉快的气氛,培养学生的自信心,让学生敢于表达并乐于表达。在综合实践活动中,教师应该为学生营造一种和谐、自由、轻松的环境,在这样的环境下,学生才能毫无顾虑地思考、探究,大胆展示自己,才能更好地激发学生的潜能,更好地帮助学生树立自信。生活中有很多这样的人,比如失去双手、双腿的残疾人,他们自信、乐观、努力进取,最终有了自己的一番事业。

2. 理解独特看法,启发学生探索求异

每一位学生都是独立的个体,他们有不同于他人的生活经历、性格特征,所以,他们对生活中事物的看法往往与他人不同。因此,在综合实践活动中,为了培养学生的独特个性,要允许学生有不同的思考、不同的看法。在一次以“治理白色污染”为主题的活动中,学生想出了各种各样的好方法,有的说:“去超市买东西不要用塑料袋,要用菜篮子或者自制的环保袋。”有的说:“我们可以悬挂条幅进行宣传,让大家都来保护环境。”这时有一个学生说:“我能保证自己养成不丢垃圾的习惯,就已经是好方法了。”我起初认为这是一个比较消极的看法,但细想这也是保护环境的一个方面。因此,我应该理解并赞扬这种独特的观点,并启发学生思考更多有创意的方法。

3. 贴近现实生活,激发学生好奇心

郭元祥在《综合实践活动课程设计与实施》一书指出,综合实践活动课程的价值之一就是面向学生的“生活世界”,密切学生与生活、学生与社会的联系。每一位学生在生活中都有自己熟悉的、感兴趣的事物,他们对这样的事物比较好奇,有一种想要探究的热情和冲动。因此,在综合实践活动中,教师要尽量从生活中选择学生感兴趣的主题活动,这有利于激发他们的好奇心。

春天到了,我想开展一次综合实践活动,为了确定主题,就跟孩子们聊天:“咱们开展一次综合实践活动,你们想一想开展哪方面的活动比较好呢?”学生们热火朝天地讨论起来。这时一个学生说:“洋槐花开了好多,咱们开展有关洋槐花的综合实践活动吧。”大家一听都特别赞同。于是我们就开展了一次以“认识洋槐花”为主题的综合实践活动。这次活动贴近学生的生活,又是他们感兴趣的事物,所以他们积极性特别高。于是,我跟同学们说:“你们都见过洋槐花吗?”同学们争着回答:“见过,见过,老师,我们家有洋槐树……”“老师,我们家也有……”为了激发学生的好奇心,我说:“那你们对洋槐花的了解有多少呢?”学生们开始讨论起来了,有的说:“我知道它是白色的。”有的说:“它可以吃。”……这次活动激发了孩子们的好奇心,点燃了他们求知的欲望、积极探究的热情。

(四)在挫折中培养学生的创新能力

人们在实现自己理想的过程中都会经历大大小小的挫折,有的会在成功前经过一次、两次、三次甚至更多的挫折,如果没有坚强的意志,他们最终也不可能实现自己的理想。教师应该有目的、有计划地创设一些挫折,让学生在挫折中磨砺出坚强的意志,这有助于培养学生的创新能力。因此,在综合实践活动中,教师要结合学生的年龄特点以及现有水平,适当地给学生布置一些有一定难度的任务。在完成任务的过程中遇到的困难和挫折,会激发学生更加刻苦努力、积极思考、勇于探究,最终获得成功的体验。

(五)在鼓励中启发学生的创新思维

在生活中,有的人正因为在别人的鼓励下才对学习产生了浓厚的兴趣,并积极钻研,成就了一番事业。因此,适当的鼓励不仅可以帮助学生培养兴趣,还可以点燃学生创新思维的火花。在活动中,教师要多鼓励学生,表扬他们在活动过程中表现出来的主动思考、勇于探究、敢于挑战的积极态度以及所取得的点滴成果,肯定他们的付出。如果条件允许,还可以进行一些必要的奖励。可是很多老师因为个别学生在活动中出现的态度不太端正,行为有点懒散以及小过失、小错误而过于批评、指责,学生本来逆反心理就强,这样会让学生更加叛逆,从而使学生失去对活动的兴趣,不利于创新能力的培养。

1. 鼓励学生怀疑

波斯诗人萨边说过,怀疑是知识的钥匙。古希腊哲学家苏格拉底也说过,怀疑是无限的探求。因此,教师应鼓励学生敢于怀疑,在怀疑中求问题、求知识、求创新。很多伟人敢于怀疑,最终取得伟大的成就。牛顿在无意当中被苹果砸到,他大胆质疑:为什么苹果往下落却不往上飞呢?最终他发现了地球万有引力。伽利略对亚里士多德的“物体下落速度和重量成比例”的学说大胆质疑,最终发现并纠正了误导人们近两千年的错误结论。

2. 鼓励学生观察

想要深刻地了解一样事物,首先要进行观察,因为只有在认真、仔细、科学的观察中才会发现有意义的问题,然后才能进行分析、探究、创新。因此,在综合实践活动中,教师要适当地引导学生观察周围事物以及自身生活方面的内容,比如鼓励学生观察生活中自己感兴趣的动物、植物等,激发学生主动思考、深入探究,由此启发学生的创新思维。

有一次,我想开展一次有关植物的主题活动,在大家的积极讨论下,我们决定开展一次以“观察仙人掌”为主题的综合实践活动。在活动中,我鼓励学生观

察仙人掌,经过观察,他们提出了很多问题,比如:

仙人掌的叶子为什么那么厚?

为什么长了那么多刺?

仙人掌为什么没有叶子?

哪是茎?哪是叶子?

仙人掌有什么作用?

仙人掌生长在什么样的环境下?

仙人掌对于学生来说并不陌生,但是当学生认真、仔细地观察之后,他们就会发现问题,如搞不清楚仙人掌的茎和叶。正是因为观察,他们才会发现并提出这些问题;正是因为观察,他们才会产生对仙人掌做进一步研究的兴趣;正是因为观察,他们才会引发对更深的未知领域的思考。

素质教育着重培养学生的学习能力、创新能力和实践能力,归根结底是培养学生适应社会的能力,而这些能力都需要在自主的实践中锻炼。作为农村教师,想要培养学生的创新能力,需要用心引导学生走出封闭的课堂,走向大自然,走进生活,走向实践。邓小平说过,教育要面向现代化,面向世界,面向未来。教师应该让学生在综合实践活动的广阔天地里,自由地实践、创新、展示自己独特的个性,使学生成为思考型、创新型、实践型的全面发展的少年,为适应现代化社会奠定良好的基础。

少先队活动与综合实践活动整合初探

李　燕[①]

2001年，国家正式颁布了《义务教育课程设置实验方案》，其中明确规定综合实践活动课程在义务教育阶段从小学三年级起开始设置，属国家课程范畴。义务教育阶段，综合实践活动作为一门课程已走过了16个春秋。如今，这门课程开设的状况如何呢？大致有这么几种情况：综合实践活动“进课表、进课堂”，开展得有声有色；综合实践活动“进课表、未进课堂”，流于形式；综合实践活动“未进课表、未进课堂”，被冷落、被忽视。出现这些不同情况的原因既有客观的，如短期内看不到成果、没有专职教师等，也有主观的，如教师有畏难情绪、精力有限、不考核就懒得做的思想作祟等。如何让教师们“动起来”，让他们在现有的资源条件下，不耗费额外的时间和精力，也能很好地开展综合实践活动这门课程呢？毫无疑问，综合实践活动为少先队活动提供了新的平台、新的活动方式。新的形势下，少先队活动要有机融入综合实践活动。将少先队活动与综合实践活动课程整合，既能有效促进少先队活动的实施，又能提高综合实践活动的效果，更有利于促进队员的全面发展。

为什么这么说呢？

首先，综合实践活动课程除了研究性学习、社区服务与社会实践、劳动与技术教育、信息技术教育这些指定领域的活动之外，还包括大量的非指定领域的活动，如学校传统的艺术节、体育节以及班团队活动等。其次，综合实践活动与少先队活动都强调以学生为主体，以活动为主要教育形式，所涉及的范围很广。最后，就目前的现状来看，基本上各个学校对少先队活动的重视程度比较高，现有的少先队活动资源也比较丰富，只要合理地利用和开发，就能成为开展

① 李燕，女，本科学历，池州市贵池实验小学一级教师。主讲课程：小学语文，小学综合实践活动。

综合实践活动的保障。总之，只要我们用心，合理、有效地利用资源，精心设计活动方案，就能提高少先队活动的效果，也能让综合实践活动开展得卓有成效，可谓一举两得。

一、资源的有效利用

（一）教师资源

综合实践活动课程具有综合性，体现在多学科知识与技能的综合运用上，同时，它还具有开放性和多样性，这就决定了综合实践活动的指导不可能由一位教师来完成，因为任何一位教师不可能对所有领域的知识都擅长、精通，也不可能对所有学生提出的问题都能很好地解答。因此，整合教师资源是非常必要的。以我校为例，我校的少先队活动主要由大、中队辅导员及校外辅导员指导，每周固定一节队会课。综合实践活动课程教师有语文教师兼任的，有数学教师兼任的，有信息技术教师兼任的，还有音、体、美等学科教师兼任的。这样，综合实践活动的教师可以跟辅导员合作，制订活动计划。这样一个具有综合素养的教师团队，在开展活动时，既能落实少先队的活动目标，又能促进综合实践活动课程的落实，可以达到事半功倍的效果。

（二）社会资源

现在很多学校都非常重视少先队工作，少先队基础工作扎实，工作经验丰富，在长期工作中取得了显著的成效，建立了很多校外实践活动基地，这正好可以为综合实践活动所用。这样，良好的社会资源就可以被充分利用起来了。以我校为例，烈士陵园是我校的爱国主义教育实践基地，科技馆是我校科技创新辅导基地，还有消防队、驻地部队等都与我们建立了联系，是我校良好的社会教育资源，我们完全可以好好利用这些资源。在开展活动时，既能达到少先队活动需要达到的教育效果，又能生成综合实践活动的研究主题。学生在活动中不仅仅体验了活动本身，更重要的是在活动中有所收获，培养了探究问题的能力、解决问题的能力以及团结合作意识等综合素养。

【案例一】我们以往的少先队活动更侧重于学生的德育教育，“重体验、轻能力”，即重视学生的活动体验，培养学生的集体荣誉感，却忽视了学生实践能力和创新能力的培养。于是在今年的“走进消防队”活动中，我们做了一些改变。

以往我们带领队员走进消防队后的一般流程是：首先听讲座，然后看消防员演示灭火器的使用方法，最后参观消防队，回来写一写活动感受。今年，在活动前，我们首先征集了队员们的意见，了解他们想通过这次活动收获什么，根据队员们的意见进行分组，分为“信息组”“灭火组”“救援组”。来到消防队，各个组的队员们围着消防员叔叔忙开了：“信息组”负责收集近几年火灾的次数、引发火灾的原因等；“灭火组”拿着灭火器，跟着消防员叔叔学习如何使用灭火器，怎么判断灭火器已过期失效；“救援组”则登上了高高的楼顶，腰系着绳索，真真切切体验了一回“空中飞人”……活动中，队员们都很投入。活动结束，交流展示环节时，非常令人惊讶：“信息组”整理了收集来的一些数据、案例，制作了幻灯片，向同学们宣传、普及预防火灾及火灾自救知识；“灭火组”的同学很骄傲地向大家展示灭火器的正确使用方法；“救援组”通过作文、照片等方式谈体验救援的感受，表达了对消防员的崇敬之情。总之，这次活动让我们深切感受到融合少先队活动的资源进行综合实践活动的优势，取得的效果令人惊叹，同时，队员们非常喜欢这种形式的体验活动。

（三）家庭资源

学生不是单独的个体，他的背后还有“家庭”这个巨大的支柱。学生家长分布于社会的各行各业，他们在不同的领域都有自己的专长。更重要的是，只要能让孩子得到锻炼，能力有所提升，无论是少先队活动还是综合实践活动，都能得到家长的大力支持。家庭资源既能为少先队活动服务，又能为综合实践活动提供保障，是我们不可忽视的一项资源。例如，我校成立了家长委员会，家长委员会下设联络协调部、家长培训部、义工管理部和后勤保障部。家长委员会正是联系学校、家庭、社会的纽带和桥梁，它的主要工作职责就是配合学校做好各项工作。我校在开展各项活动时，都能够获得家长的支持和配合，因而，我们能够毫无后顾之忧地去开展一系列综合实践活动。

二、活动内容的精心设计

少先队活动的内容是丰富多彩的，但我们不能为了开展活动而开展活动，要想办法让活动取得最好的教育效果，因而少先队活动的内容与综合实践活动的内容必须进行合理高效的整合，才能保证教育的效果。

(一)结合节假日，丰富综合实践活动内涵

少先队活动中的一个重要活动内容就是结合节假日对学生进行主题教育。对这些活动内容进行优化设计，不仅可以达到少先队的活动目标，还可以丰富综合实践活动的内涵。

【案例二】在今年的端午节期间，我校开展了“我们的节日——端午节”主题教育实践活动。通过这次活动，队员们掌握了技能，树立了服务意识，还培养了热爱中国传统文化的情感。这次实践活动，我们是这样开展的：首先让队员们谈一谈对“端午节”有哪些认识，还有什么想要了解的。然后根据队员的已有认知和未知之处进行分组并制定活动任务单，于是“历史组”“人文组”“巧手组”“志愿组”等组别就诞生了。各组针对自己研究的问题，采取了阅读、上网、采访等多种途径，全身心地投入活动中。待到交流展示时，可谓精彩纷呈，令人眼前一亮：“历史组”广泛搜集、整理资料，制作了一个幻灯片，向同学们讲述了端午节的由来及跟端午节有关的历史人物和主要事迹；“巧手组”包了粽子、制作了端午香囊；“志愿组”用一张张照片，真实记录了自己端午节期间与社区工作人员慰问留守老人的点点滴滴。最精彩的莫过于“人文组”了，端午节期间，杏花村正在举办首届“龙舟嘉年华”龙舟竞渡比赛，他们前去现场观看，并记录了很多精彩的画面。汇报交流时，他们用视频展示了当时的热闹场面(还在家长的帮助下剪辑了央视的报道视频)，强烈的民族自豪感油然而生。最后，他们还出示了韩国端午节申遗的报道，探讨如何保护我们的传统文化。看到他们有模有样地探讨，我似乎从他们身上看到了无限的希望。

(二)开展体验、志愿活动等，提升综合实践活动品质

少先队活动中的另一个主题就是组织少先队员开展实践活动，例如研学旅行、志愿服务、职业体验等。只要合理地设计、安排这些活动，就能提升整个活动的品质，同时契合综合实践活动课程的性质。

【案例三】今年3月，我校开展了“学雷锋——志愿服务月”活动。活动前，我们没有像以往那样去福利院，让学生去送温暖、表演节目等，而是让学生先通过调查，了解哪些人群是我们志愿服务的对象。学生通过调查发现，社区的留守老人、留守儿童，身边的残疾人，福利院的孤儿，还有患有罕见病的同学，等等，都是我们可以服务的对象。结合学生的调查，对学生进行分组，指导各个组

制订活动计划,然后分组活动,活动后汇报自己的活动成果和感受。对于这项活动的开展,学生的参与热情很高,他们对活动的策划、组织令我们惊叹,汇报时,他们也是有感而发,没有空话、套话。特别是对于我校一名患有肌肉萎缩症的学生,孩子们还制订了一个长期的帮扶计划,考虑得很周到呢!

(三)整合其他活动,使综合实践活动熠熠生辉

少先队还有很多丰富多彩的活动:主题中队会、艺术节、开学(毕业)典礼、入队仪式、大队活动……这些活动都以学生为主,鼓励学生自主管理安排。这些活动是综合实践活动的有效组成部分,使综合实践活动熠熠生辉!

由于综合实践活动面向社会、面向生活,涉及面广,知识的纵横联系很重要。队员们走出校园、走向社会、走出家庭、走进自然已经成为开展综合实践活动课程的现实要求。因此,下一步我们打算与校外辅导员及户外拓展项目开展好的一些机构合作,更好地丰富综合实践活动的内涵。

随着少先队活动和小学综合实践活动课程的深入实施,我们不仅要认识到理论上两者的基本联系,还要认识到要在实践中探索综合实践活动课程和少先队活动结合的模式和操作方法,只有这样才能充分发挥少先队教育的优势,以少先队活动的方式,构建课队融合、多向互动、协调发展的新格局。

乡村学校少年宫对综合实践活动课程的支撑

王　坤[①],张　兵[②]

由于没有开展活动所需的活动场所和必要的器材设备、没有专业的教师队伍、没有充足的活动课时、课程资源匮乏等,农村学校综合实践活动的开展受到制约,不能充分开展。近年来,国家大力建设乡村学校少年宫,乡村学校少年宫有固定的活动场所、配套的器材、专门的教师等,为综合实践活动的开展提供了有力的支撑,推动了农村学校综合实践活动的开展。本文以安徽省颍上县为例,从以下五个方面具体分析乡村学校少年宫对综合实践活动课程的支撑作用。

一、活动场所的支撑

综合实践活动课程具有实践性的特点,以活动为主要开展形式,强调学生的亲身经历,要求学生积极参与各项活动,在考察、实验、探究等一系列活动中发现和解决问题,体验和感受生活,发展实践能力和创新能力。开展活动要求有一定的活动场所,如果有固定的活动场所,就更有利于活动的开展。乡村学校少年宫正好满足了综合实践活动的这一要求。

目前颍上县每个乡镇都有一个乡村学校少年宫。乡村学校少年宫的活动场所主要由四部分构成:一是生物、化学、数学、计算机、航模实验室,气象站以及制作车间等科技活动场所;二是演讲、朗诵、绘画、书法、雕塑、摄影、器乐、声乐、舞蹈、游艺、木偶厅室等文艺活动场所;三是乒乓球室、棋艺室、体操室、武

① 王坤,男,本科学历,颍上县五十铺乡中心学校二级教师。主讲课程:中学语文,中小学综合实践活动。主要研究方向:语文与综合实践活动的课程融合。

② 张兵,男,本科学历,颍东区插花镇二学区中心学校高级教师。主讲课程:小学数学,中小学综合实践活动。主要研究方向:综合实践活动在数学领域的应用。

术室以及室外活动场等体育活动场所;四是图书室、图片画廊、小剧场、苗圃、温室以及室外活动休息场地等公共活动场所。虽然并不是每个乡村学校少年宫都完全具备这些活动场所,但至少有其中十个活动室(场所)。乡村学校少年宫由中心学校管理,所以这些活动场所可以永久为综合实践活动课程所使用。

二、活动器材的支撑

综合实践活动中的科学实验、手工制作、传统艺术学习以及一些劳动技术等是需要一定的器材设备的,如果没有这些器材设备,活动就很难开展。

乡村学校少年宫的器材配备丰富多样,有竹笛、古筝、二胡、葫芦丝、口琴、电子琴、钢琴、腰鼓、绘画工具、雕刻工具、书法工具、舞蹈服装等艺术类活动器材,有各种球类、棋类、陀螺、沙包、铁环等体育类活动器材,有标本制作工具、木工制作工具、陶艺制作工具、电子电工工具、车模制作工具、航模制作工具等科技制作类活动器材。这些器材为综合实践活动的开展提供了保障。

三、活动时间的支撑

综合实践活动的课时安排要求体现弹性,即每周3课时可以根据需要灵活安排,集中使用与分散使用相结合。根据学生活动主题或课题的实施需要,可以将每周的时间集中在一个单位时间使用,可以将几周的时间集中在一天使用,也可以根据需要将综合实践活动的时间分散安排。同时,鼓励学校和学生利用周末、节假日等课外时间,保证综合实践活动的充分开展。

乡村学校少年宫无论是上课期间还是节假日期间都对全乡镇的中小学生免费开放。节假日期间,学生不用上课,可以利用这个闲暇时间专心进行综合实践活动。每年的元旦、五一、六一、国庆、中秋等节假日期间,大多数乡村少年宫都联合学校开展系列庆祝活动,有文艺汇演、经典诵读、书法绘画展、手工作品展、乒乓球比赛、象棋比赛、围棋比赛、军棋比赛、跳棋比赛、五子棋比赛等。暑假期间,可以开展持续时间长的大型活动和跨班级、跨年级甚至跨学校的合作活动。乡村学校少年宫的常年开放为综合实践活动的充分开展提供了时间安排上的保障。

四、师资力量的支撑

虽然综合实践活动在实施中坚持学生自主选择、主动实践，但依然需要教师的有效指导，只不过教师由传统的主导者、支配者转变为辅导者、参与者。

乡村学校少年宫的教师主要包括两类：一是中小学有特长的教师，二是地方的传统艺人。中小学教师长期与学生接触，对学生的指导具有针对性，能促进活动的持续开展；传统艺人身怀绝技，能激起学生的学习兴趣，激发学生的探究热情。迪沟镇中心学校乡村少年宫的苏玉玉老师热爱综合实践活动，是一名优秀的综合实践活动老师，近年来获得了丰硕成果：2015年4月，指导的科技苑社团综合实践活动“观察我们身边的植物”，荣获安徽省青少年科技创新大赛二等奖；2016年4月，指导的综合实践活动“泡泡大作战”“亲育生命　魅力绽放——凤仙花伴随我成长”双双荣获安徽省青少年科技创新大赛二等奖，同时“泡泡大作战”的系列活动成果连续两次发表在南京科学杂志《哈博士·创想号》上。五十铺乡中心学校乡村少年宫的马留贵老师擅长篆刻、泥塑，他辅导的篆刻班和泥塑班形成了当地的一大特色。八里河镇中心学校乡村少年宫科技辅导员许琎热爱科技，教学认真，2016年4月，她辅导的八岁学员刘铸一同学发明的延时保温饭盒荣获安徽省青少年科技创新大赛三等奖。这些老师的参与和辅导促进了综合实践活动的顺利开展。

五、课程资源的支撑

综合实践活动课程不仅要开发学校课程资源，还要研究、分析地方和社区的背景与条件，充分挖掘地方自然条件、社会经济文化状况、民族文化传统等方面的课程资源，体现课程资源的地方特色。

花鼓灯曾被周总理誉为“东方芭蕾”，又有“淮畔幽兰”的美誉。花鼓灯是颍上县重要的民间艺术，近百年来颍上花鼓灯经过不断改革、创新，在艺术形式上有了进一步发展，逐步形成了独特的艺术风格。颍上县有不少乡村学校少年宫都开发了花鼓灯课程资源。五十铺乡中心学校乡村少年宫金文波老师搜集整理了当地的体育游戏，开发了“参观”“斗地主”“跨大步”“买房子”“跑圆”“一颗星”等一系列富有地方特色的课程资源。八里河风景区是全国5A级旅游区，远近闻名，八里河渔场是皖西北水产龙头企业，八里河镇中心学校乡村少年宫依托二者因地制宜地开发了一些课程资源。迪沟镇是国家园林城镇和首批全国农业旅游示范点，迪沟镇中心学校乡村少年宫据此开发了相关课程资源。这些课程有不少已经成为当地学校综合实践活动的品牌课程。

综上所述，乡村学校少年宫为综合实践活动的开展提供了相应的活动场所、活动所需的器材设备和足够的师资力量，解决了大型活动课时不足的问题，开发了大量课程资源，有力地促进了乡村学校综合实践活动课程的开展。

合理利用当地资源开展小学综合实践活动

周启富[①]

小学综合实践活动课程作为我国新兴的必修课程，是以学生的兴趣为前提，以学生的直接经验为基础，以与学生学习和生活紧密相连的各类综合性、创新性、实践性问题为内容，以研究性学习和服务性学习为主导学习方式，以培养学生的合作精神、创新精神和实践能力为主要目的的实践性课程。这些特点决定了这门课程的特殊性。为了能够把这门课上得更富有成效，在具体实施时，我们结合学校的实际情况，利用学校及周边的资源，在原有资源包的基础上进行了二次开发。

一、依托本地经济产业，开发综合实践活动

近几年来，阜阳地区的经济产业发展迅速，商场中各种本地商品琳琅满目，但是学生对这些身边的物品知之甚少，于是我们就开展了一些与本地经济产业相联系的综合实践活动。

比如，阜阳市的京九丝绸厂在当地小有名气，无论是其生产规模，还是生产技术和质量，都是皖北地区首屈一指的。利用这一有利条件，我们联系丝绸厂，开展了每年春季丝绸厂为我校三年级的孩子无偿赠送春蚕的活动。由于蚕卵的孵化技术要求比较高，我们只能够从丝绸厂接收到刚刚孵化的幼蚕。于是我们号召学生提前查阅资料，有条件的同学可在家长的陪同下到丝绸厂参观访问，以掌握养蚕的方法。这样学生不仅懂得了一些基本知识和基本技能，而且培养了研究性学习能力和社会实践能力。

结合养蚕这项活动，我们还开展了一系列的相关活动，如我们组织学生了

---

① 周启富，男，本科学历，阜阳市清河路第一小学一级教师。主讲课程：小学数学，小学综合实践活动。主要研究方向：数学活动课的开展。

解蚕丝制品的生产加工过程、蚕蛹的利用价值、蚕丝制品的真伪识别以及学生养蚕的蚕丝回收等。在一系列的活动中,学生经过调查、走访、查阅资料,结合亲身实践,提出了大胆的设想:目前蚕蛹基本上被菜市场的一些小商贩买去加工了,质量和卫生状况难以保障,丝绸厂是否能够建设一个配套的冷冻加工厂,这样就可以大规模地生产出具有自己品牌的产品。虽然学生们没有考虑到建设成本及效益问题,但是这个大胆的设想体现了他们的自主性和创造性。

此外,我们还利用当地金种子酒厂的优势,组织学生去参观酿酒的全部环节,从粮食的发酵,到蒸馏调制、包装质检,再到最后酒糟的综合利用。通过这次综合实践活动,学生不仅了解了酒的生产流程以及流传数千年的中国酒文化,还明白了粮食的重要用途,懂得了粮食的重要性,从而习得了珍惜粮食、节约粮食的好习惯。

二、结合本地人文地理知识,开展综合实践活动

作为自己从小生活的城市,学生对当地的人文地理知识并不陌生,但是他们的认识还停留在表面。为了更深层次地了解和认识当地的人文地理,我们开展了如下活动:

每年我们学校都会组织学生参观与学校仅有一路之隔的阜阳市博物馆。那里精品荟萃,古生物化石、青铜器、陶瓷器、玉石器、书法、绘画等具有阜阳地方历史特色的文物收藏,不仅让学生了解了更多关于家乡的历史,还激发了学生“热爱祖国,热爱家乡”的感情。

此外,我们还开展了“变废为宝,美化泉河”的活动。泉河是流经阜阳城区的一条重要河流,但是近年来由于各方面原因,环境在不同程度上恶化了,两岸河坝上废纸、塑料袋、饮料瓶等垃圾废弃物随处可见。基于这种情况,我们积极组织学生开展“变废为宝,美化泉河”的活动,让学生宣传并动手捡走废弃物品,分类送到废品厂和垃圾站。通过这项活动,不仅美化了泉河的环境,还培养了学生的环保意识和社会责任感。

三、利用周边条件,丰富综合实践活动

由于地理位置的独特性,每所学校的周边环境和条件各不相同,如何开发和利用这些条件开展相应的综合实践活动,应该引起我们的充分重视和思考。

文峰公园作为阜阳市区最大的绿化场所,那里的假山、流水、亭阁、塔、花草

树木等都深深地吸引着同学们，于是我们开展了“文峰公园知多少”的调查研究活动。同学们通过观察、走访，了解文峰公园名字的由来、文峰塔的历史及其相关的人物故事等，然后通过说故事、演情景剧及绘画等多种形式在班级里将自己收集到的信息展现给大家。通过这项活动，学生在欣赏大自然美景的同时习得了很多知识，既增长了见识，又锻炼了与人沟通交流的能力。

学校邻近的二里井菜市场，人流量特别大，利用这一条件，我们让学生将家中闲置的玩具、书籍等带过来，在菜市口开展“小学生‘跳蚤’市场”活动。虽然大部分学生在幼儿园参加过类似的活动，但那时更多地是家长在参与。而此次活动则完全由他们自主决策，老师仅仅从旁协助，从活动的具体选址，到“商品”的定价、使用价值的介绍以及最终所得款项的处理，都由孩子们自己商讨决定。活动中学生表现得都很积极，也很热情。只有在活动的后期，还有十来件“商品”没有成功交易时，孩子们才面露难色向我投来求助的目光。此时，我只说了句：“你们要自己想办法，老师相信你们自己可以解决！”学生们虽然当时很无助，但还是很认真地讨论了起来。没多久他们又再次活跃了起来，原来他们在“内部消化”，或用自己刚才所得的钱款到其他同学处购买，或用自己的物品与别人进行交换，最后每个同学都得到了自己喜欢的东西。此次活动的开展，通过物品的介绍，和别人讨价还价以及最后剩余物品的处理等环节，不仅锻炼了学生的语言表达能力、交流能力和解决问题的能力，还让他们了解到市场小商贩平时的日常生活，明白他们的艰辛，从而习得尊重他人的高尚品德。

四、挖掘家庭资源，充实综合实践活动

我校学生绝大多数一直在城里生活，他们对日常生活中常见的一些植物知之甚少，甚至个别同学连一些常见植物的名称都不清楚，因此，我们组织学生在家里开展种植大蒜的活动。看着大蒜从蒜瓣长成绿油油的蒜苗，学生从中观察到植物的生长和变化过程，加深了对植物的了解。蒜苗长大后，将其做成菜，不仅锻炼了学生的动手能力，还让学生体会到分享劳动成果的喜悦，进而习得珍惜劳动成果的好习惯。

家，作为学生非常熟悉的生活场所，是我们开展综合实践活动的阵地之一。测量并绘制出自己家的平面图，就是一次活动的主题。同学们提前准备所需工具，思考应该测量的数据及无法到达区域该如何间接测量等；然后在家长的协助下进行实际测量，记录每一个数据，并整理有用数据，分析哪些数据可以

不用测量;最后绘制家庭平面图。测量绘制活动,不仅锻炼了学生的实际动手操作能力,而且培养了他们发现问题、分析问题、解决问题的能力。

五、联系学校实际,开发综合实践活动主题

每个学校由于自身条件不同,具有相应的优势和不足,这就要求我们有选择性地去区分和利用。

我们学校位于繁华的清河路上,每天过往车辆和行人非常多,尤其是上下班高峰期和上学放学时间重叠时,马路上过路行人和车辆经常会出现两不相让的局面,交警支队不得不派出交警在此指挥交通。为此,我们学校联合阜阳交警支队开展了"文明护岗"活动。学生通过宣传、监督、制止不文明行为,劝导过往行人和车辆自觉遵守交通规则。

在学习了课程资源包中"劳动工具"的相关知识后,我们组织了一次集体维修活动。学校保卫科和微机室的维修工具非常齐全,是很好的教学用具,因此,我们请同学们将家里损坏的玩具、闹钟等小物件带到学校,在老师的指导下开展维修活动。整个活动下来,虽然未能将所有的物品都修理好,但是孩子们不仅动手能力得到了增强,而且合作意识有了显著的提高。

综上所述,综合实践活动课程的实施不一定要照搬书本,我们在具体活动的开展过程中,可以根据自身条件,充分利用当地资源,使学生的动手能力和创新能力得到增强,从而达到综合实践活动课程的教育目的。

巧妙开发，有效实施

徐　芳[①]

综合实践活动是基于学生的直接经验，密切联系学生自身生活和社会生活的实践性课程。综合实践活动课程对促进农村小学基础教育事业的发展有着重要的意义，对学生有深远的影响，不仅有利于改善农村小学的课程结构，丰富学生的实践经验，促进学生的个性发展，而且有利于激发学生对家乡的认同感，从而立志建设家乡。因此，结合农村小学的实际情况，我在小学综合实践活动课程资源的挖掘和应用上做了以下尝试。

一、活用地域资源

（一）农村小学的地域资源特点

综合实践活动内容的选择与组织以学生为核心，主要围绕三条线索进行——学生与自然的关系，学生与他人和社会的关系，学生与自我的关系。农村地区远离城市，虽然没有城市地区方便快捷的交通，也没有便利的基础设施和信息网络设备等，但农村地区保留了古朴纯粹的自然和人文资源。本土资源作为具有地域特色的优势资源，有其独特性，是农村小学得天独厚的教育资源。通过充分发挥资源优势，灵活利用乡土文化、民风民俗、自然物产等开展形式多样、别具特色的综合实践活动，能够有效发挥农村地域优势，提高农村小学教育质量，从而激发学生对家乡、对本土文化的热爱之情，以促进学生的全面发展。

---

① 徐芳，女，本科学历，铜陵市新塘小学一级教师。主讲课程：小学语文，小学综合实践活动。

(二)利用农村地域特色开展综合实践活动

以我所在的新塘小学为例。新塘小学位于铜陵市雨坛乡新塘村,新塘村依山而建,交通十分不便,但这个村子因其独特的自然条件,盛产茶叶,尤以白茶著名,每年春天都有大量的学生家长爬上山头去采茶。利用这一得天独厚的条件,我们开展了以“茶的一生”为主题的综合实践活动,让学生自由分组,针对自己想要了解的茶叶知识查找资料,并在周末跟着家人走上山头,观察茶叶的采摘和后续制作过程。通过一系列的调查活动和资料查阅,并结合自身的实践探索,同学们不仅学到了课本上学不到的茶叶知识,还创造性地提出了很多采茶的建议。这些建议中有些可能并不合理,但无疑体现了学生的探索精神。在这次活动中,同学们感受到了家人采茶的辛苦、赚钱的不易,情感态度与价值观得到了一次升华,这比书本上直接告诉他们要关心父母更能触动他们幼小的心灵。

这是一个充分利用农村自然物产资源开展综合实践活动的典型案例。类似的,拥有特色民风民俗的农村地区,可以组织开展探究本地民风民俗生成和发展的活动。拥有悠久历史的农村地区,可以组织开展探索家乡文化历史渊源与传承的活动。即使有些农村地区既没有丰富的自然资源,也没有特别的文化历史,仅仅围绕农村学生生活中经常接触的内容,也有很多主题可以开发。例如,可以引导学生探究水稻种植方法,提出自己的创意;观察家禽家畜的生活习惯,总结规律;研究蔬菜、水果生长的特点;等等。从任何一个角度进行研究都大有内容可发掘。因此,因地制宜地选择综合实践活动内容,活用农村地域资源,不仅使活动具有地方特色,将学生与身边的生活紧密联系起来,还是传承本土风俗文化,继承本土历史的一种有效方式。

二、巧用校本课程资源

(一)农村小学校本课程资源的特点

学校在实施国家和地方课程的同时,应视当地社会、经济发展的具体情况,结合本校的传统和优势、学生的兴趣和需要,开发或选用适合本校的课程,也就是校本课程。与城市小学不同,农村小学师资和办学经费匮乏,校本课程发展滞后。农村小学的校本课程存在内容单一、流于形式、完成度差等问题。

综合实践活动的具体内容应由地方和学校根据实际确定，且所确定的内容要能反映每一所学校所在地区的特色。开展综合实践活动时，可以利用学校校本课程资源。那么如何巧用农村小学并不完善的校本课程资源来达到满足学生的独特性和差异性，发展学生个性特长的需要呢？我们可以在校本课程的基础上进行二度开发，组织特色综合实践活动。

（二）利用校本课程资源开展综合实践活动

我们学校的校本课程是手工制作，旨在培养学生的动手能力和创造力，而在农村，手工制作局限在泥艺、剪纸、折纸这几种简单的方式上。课程开展的过程中学生参与度高，但生成性差。在观摩了2015年安徽省综合实践活动优质课大赛一等奖获得者江南老师“自制礼物”课后，我深受启发，决定利用我校校本课程资源开展综合实践活动。小小的手工制作蕴含着大学问，从手工工艺品的分类入手，分组合作，动手制作完成后将作品以礼物的形式赠送给想要感谢的人，辅以感恩教育，引导学生感受礼物与风俗文化的关系，体验人与人之间情感交流的重要性。这样不仅贯彻了校本课程精神，还加深了同学们对礼物更深层次的理解。这就是教师和学生在现实的教育情境中不断创生新的教育经验的过程，是学生的知识与技能，情感态度与价值观基于活动而不断生成的过程。

因此，结合现有的校本课程资源，进行适度的开发和整合，巧妙设计主题，是农村小学开展综合实践活动的一种有效方式。这类综合实践活动的开展，不但弥补了农村小学校本课程的不足，而且促进了学生个性特长的发挥，兼顾了学生的个体差异性。

三、善用家庭资源

（一）农村学生家庭的特殊性

在农村有这样一个常见的群体：他们的父母为了生计外出打工，他们留在农村家里，由爷爷奶奶照顾，与父母相伴的时间微乎其微，这些本应是父母掌上明珠的儿童集中起来变成了一个特殊的弱势群体——留守儿童。留守儿童正处在成长发育的关键时期，但他们的生活中缺少父母情感上的关注和呵护，无法享受到父母在思想认识及价值观念上的引导和帮助。

在农村有这样一个常见的现象:学生的父母文化程度较低,几乎不会辅导孩子的学习,他们将孩子全权交给老师,很少主动来学校与老师交流孩子的情况。他们对老师最常说的话就是:“老师,我孩子考多少分?”“老师,孩子不听话你就使劲打!”对于这些父母来说,成绩决定一切,他们丝毫不关注孩子的个性发展和心理成长需要。

在农村还有这样一个常见的问题:学生流动性大。除了留守儿童,还有一类学生,他们跟随父母四处奔波,因为父母工作地点不断变动,也许今天还坐在教室里听课,明天就转学到陌生城市的其他学校。由于各地教材、教法有差异,这些学生需要不停地适应新的环境、新的学习方式、新的老师和同学,学习基础薄弱,与他人交往能力较差,不易融入班集体。

我们不难发现,由于农村学生家庭情况的特殊性,学生的学业和身心发展令人担忧。针对这些情况,开展相应的综合实践活动,有利于改善农村学生的不利现状。

(二)针对农村家庭实际情况开展综合实践活动

一方面,针对农村家庭父母远离,留守儿童易产生各类心理问题,如安全感缺失、性格极端、消极情绪得不到及时疏导等情况,我们可以开展以“传递爱”为主题的综合实践活动,将学生对父母的思念和生活中遇到的趣事用写信的方式记录下来,每周通过电话或网络通信读给父母听,并及时写下父母的感受,再定期组织班级讨论会,反馈活动感言。这样既可以使学生养成留心生活、及时记录的习惯,又可以满足学生的情感诉求,促进父母与子女之间的亲情互动。

另一方面,针对农村留守老人众多、农村儿童独立性强、时间自由的特点,我们可以组织学生定期开展以“走进留守老人的家”为主题的综合实践活动,让孩子们自己制订活动计划,选择力所能及的方式帮助留守老人,如为老人打扫卫生、给老人讲故事、倾听老人的心里话等,并在每次活动后及时总结经验,记录体会。这样的活动在为老人带来关爱的同时,也让孩子们学会感恩,懂得关心帮助他人。

当然,农村家庭出现的情况远不止这些,它们都可以成为我们选择综合实践活动主题的契机。这就需要农村的小学教师善于从农村学生家庭的实际情况出发,从农村儿童的心理特点入手,开展各类主题鲜明、行之有效的综合实践活动,帮助农村儿童健康成长。

四、会用其他资源

除了地域资源、校本课程资源、家庭资源之外，农村小学综合实践活动可利用的资源还有很多。针对农村学校学生的身心发展特点，我们可以对农村小学现有的少先队资源、社团资源、班级文化资源、社会资源等进行整合开发，开展一系列形式多样、内容丰富的综合实践活动。例如，以少先队为基础，开展“弘扬红色文化，传承革命精神”的综合实践活动，通过走进革命烈士家庭、倾听老一辈的革命故事等，让孩子们感受革命先烈顽强拼搏、无私奉献的精神，同时激发学生对祖国的热爱之情。我们还可以以班级图书角为基础，开展“书籍漂流”的综合实践活动，通过在全校进行书籍传阅、召开读后感讨论大会等，培养学生乐于分享、热爱学习的品质。农村小学看似资源贫乏，但只要老师善于发现问题，敢于利用资源，乐于开展活动，保持一颗爱心，综合实践活动终将在农村小学遍地开花。

综上所述，农村小学需要充分挖掘现有资源，采取更加积极有效的综合实践活动来真正提高学生们的知识水平和实践能力。根据农村孩子的实际情况，将农村的地域资源、校本课程资源、家庭资源等开发生成为综合实践活动主题，不仅可以有效开展综合实践活动，还将为农村学生素质教育贡献巨大力量，大大增强农村学生创造和实践的能力。

跟创意捉迷藏，发现创作空间

——学科融合促进综合实践活动课程的课时安排

朱　诲[①]

一、综合实践活动课程的课时安排

（一）综合实践活动课程的课时体现

综合实践活动是《义务教育课程设置实验方案》和《全日制普通高级中学课程计划（试验修订稿）》所规定的必修课程，自三年级开始设置，每周平均3课时。综合实践活动课课时的设置看似是固定的，但是要把一项适合孩子们开展的综合实践活动运作起来，还需要安排一定的弹性时间，让学生融入综合实践活动中，也让课程走入学生的生活，贴近学生的兴趣爱好，让课程与学生的生活密切联系在一起。如果仅仅靠课表上体现的课时完成综合实践活动，那就会让需要弹性课时的综合实践活动变得支离破碎。

（二）综合实践活动课程的教师配置

大多数学校没有专门执教综合实践活动课程的教师，高等院校没有专门培养综合实践活动课程教师的专业，一般教师岗位的招聘，也没有招综合实践活动课程教师的。综合实践活动课程的教师一般是兼职教师，他们有自己主要执教学科的一系列教学教研活动。教师对执教的两个学科，存在利弊的衡量以及教学行为的取舍。难道兼职教师在主任的学科和综合实践活动课程的教育教学上，不能寻找一个平衡点吗？基于自身兼职教学的经历，我尝试着将综合实践活动课程与其他课程进行整合，寻找一个平衡点。

---

① 朱诲，女，本科学历，合肥师范附属小学初级教师。主讲课程：小学语文，小学综合实践活动。主要研究方向：语文与综合实践活动的课程融合。

(三)综合实践活动开展的场所变动

综合实践活动的开展,不仅仅是在教室里,还可以在校园、社区、科技馆等开放的场所。选择室外的场所开展综合实践活动,要综合考虑种种因素,其中比较重要的因素是时间。教室里可以开展课时内就能完成的综合实践活动课,室外可以开展长时段的课程,可以以天或周为单位,有了时间的保证,课程将能从横向切入,从纵向深入。

综合以上三点,综合实践活动教师,第一步要把综合实践活动课程开展起来,第二步要充实课程,第三步要把值得借鉴的有效教学模式进行推广和创新。我们的教育教学面对的是丰富多彩的生命个体,要从学生的生活实际发现问题,寻找适合的主题开展综合实践活动。

二、以天或周为单位开展主题综合实践活动

现在孩子们接触到的信息量很大,这些信息一般来自手机、电脑。大家可以自我检测一番,你会动手尝试微信中的种种可以实践的做法吗?我们班的孩子看到一些有意思的微信,就想动手去做一做。这个学期,我们班开展了丰富多彩的微信课堂、勇于创新体验的创意课堂、打开思考空间的创作课堂。

(一)微信课堂,开启脑洞大开的世界

所谓微信课堂,就是带着孩子们在教室里一起学习一些好玩的、要求动手能力强又让人脑洞大开的微信文章。学生在体验式的课程中,从多种渠道感知世界的变化,体验打开视野的快乐和冲击。微信中有大量阅读性质的文章,一节微信课程,可以安排不同类型的内容,比如根据学生的喜好程度来挑选内容,或者从学科的融合性角度来挑选内容。同样,综合实践活动课程往往能链接各个学科,打开学生的眼界,让学生在各个学科的领域感受到同一主题所引发的思考力、观察力和创造力。

第一节微信课堂上,我们一起讲了粉笔画艺术大师David Zinn的故事,他靠一支粉笔在路上“养”了29年动物。这是孩子们第一次在微信课堂看到了一个崭新的世界。当时我要求所有孩子想一句与“创意”有关的话,让他们晚上把想到的话发送到班级群里。整理时发现其中不乏一些精彩的话:

只知创意在天边,却不知它在你身边等你发现。

如果你不去发现创意,它怎么会无缘无故地让你去找到呢?

创意是梦想腾飞的翅膀,只有想不到,没有做不到。

想象+行动=创意。

创意在跟你玩捉迷藏,只要你找到了,它就属于你。

想象自古谁无死,留取创意照汗青。

想象灵感深千尺,不及创意送我情。

无边想象萧萧下,不尽灵感滚滚来。

两岸猿声啼不住,创意已过万重山。

灵感才露尖尖角,早有创意立上头。

一寸创意一寸金,寸金难买寸创意。

(二)创意课堂,捉起异想天开的迷藏

创意课堂,运用一定的美术元素,进行创意的加工和创作。创意课堂不再是教给孩子现成的技能技巧,而是通过创设适宜的环境,引导孩子去观察、想象、思考。在实际操作中,让孩子们摸索创意方法,培养兴趣,并给予适当的指导,最后共同评价作品。现阶段孩子们感兴趣的是动手操作型的创意课程。第一次创意课堂后,我提出了一个问题:美术与创意美术一样吗?经过尝试与查找分析,孩子们最终发现了两者之间的差别:

创意美术与美术的概念不同。

创意美术的重点在于“创意”!

美术仅仅是激发孩子创造力、想象力的一个载体!

创意美术通过画笔、颜料、纸张、生活用品,带给孩子更大的发挥空间,可以天马行空、任意涂鸦。

创意课堂结束后,带着同学们到学校的小花园进行创意涂鸦。其间,孩子们谈论各自最天真最美妙的想法,并把一个个创意想法画到地面和墙面上。原来创意课堂这么受孩子们的喜爱!

在这个过程中,第一节微信课堂相当于语文课,第二节创意课堂是综合实践活动课。综合实践活动可以延续语文课程的内容,所以兼职老师有自身的优势,可以在自身的教学领域为综合实践活动课程的开展提供平台。

微信课堂、创意课堂激发了学生关注创意的无限热情。这一学期只要到周末,孩子们在家玩电子产品的时候,就会把更多的关注放入有关创意的微信公

众号上。许许多多的创意分享出现在班级群里,孩子们非常期待老师带着大家分享自己发现的新鲜世界。我们一路做着各种有创意的事,上完微信课堂,大家一起准备材料,等材料准备充足,就开始在创意课堂上玩起来。这个学期大家一起开展了丰富多彩的活动,例如,用土豆作画、用水养红薯、制作创意酸奶盒等。创意土豆画是以周为单位开展的一个综合实践活动。

课例1 创意土豆画

【微信课堂】主要分享制作土豆创意画微信(1课时)。

【创意课堂】创意土豆画制作(2课时)。

课前准备:土豆、刻刀、各种布料等。

(1)分享一个小故事:《小土豆,只是小土豆?》。

很多人说,土豆只是一种食物。切成丝儿,配上青椒炒成青椒土豆丝;切成片儿,配上肉片烧成土豆肉片;切成块儿,配上牛肉炖成土豆牛肉……你的人生,不就是一盘菜吗?土豆彻底囧了,(追问)人生只是一盘菜?怎么可以呢?我要等……

(2)学生自由创作土豆画。

【创作课堂】即兴编故事(1课时)。

课前准备:同学们自由创作土豆画的照片。

出示一张张照片,学生口头即兴创作土豆画的故事。

(三)创作课堂,打开无限思考的空间

从微信课堂到创意课堂,设想一下,我们还能带领孩子们做些什么呢?创意课堂“小巧手,大变酸奶盒”课前,出现了一个值得关注的线索:分享完师生共同编写的故事《小土豆,只是小土豆?》,孩子们觉着自己也可以写出一个个与微信课堂有关的小故事。于是,我们就动笔写起关于创意课堂“小巧手,大变酸奶盒”的故事来!

当一个个创意酸奶盒做完后,孩子们开始找自己喜欢的作品,互相评论一番。孩子谈论的话题能如此集中到一件事情上,正是由于他们把所有的关注投入了创意的世界,在他们的眼中,这不再是一个小小的酸奶盒,而他们的笔下写的是自己喜爱的事,自己专注的创作过程以及伙伴们丰富的体验过程。创作课堂上,大家一起读同学们写的《酸奶盒的秘密》《酸奶盒的妙用》《只是酸奶盒吗?》《创意奶盒》等“作品”。

课例2　创意酸奶盒

【微信课堂】主要分享创意酸奶盒(1课时)。

【创意课堂】创意酸奶盒制作(2课时)。

(1)设计创意酸奶盒。

分小组设计酸奶盒的大变装,设计的内容包括:名字、设计图。

(2)制作创意酸奶盒:

①每个小组制作一个共同的创意作品;

②时间充足的小组每人制作一个独特的创意作品。

【创作课堂】寻找“金钥匙”(1课时)。

(1)课前写有关创意酸奶盒的作文。

(2)分组评价学生的作文。

第一步,挑选组内较为优秀的作文,细细品读,进行评价。

第二步,同学们听完每一篇文章之后,畅谈自己发现的他人写作的优点,再提建议。

(3)寻找写事习作的“金钥匙”,对寻找到写作“金钥匙”的小组进行奖励,获得的奖励品是同款创意酸奶盒。

这节课我们一边赏读习作,一边寻找写事文章的“金钥匙”,最后一起梳理出三个问题:主要写什么事? 为什么要写这件事? 怎么写好这件事? 孩子们自由畅谈,并分别用一个词来回答以上三个问题,能答出来也就寻找到了本次写事文章的“金钥匙”。通过比较和分析,我们最后达成以下共识:

主要写什么事?(主题)

为什么要写这件事?(原因)

怎么写好这件事?(材料)

有了这把写事习作的“金钥匙”,孩子有的放矢找到了创作的空间。五年级学生的写事习作往往按事情发展顺序写,而想把事情写好就要描写精彩的过程,让文章的羽翼丰满。另外,别忘记紧扣主题的标题、开头、结尾,这些会让读者记住才思文涌的小作者。

这两个课例中的微信课堂是在语文课堂上进行的,孩子们大量阅读微信上的信息,感受创意,认知世界快速的变化,大量视觉的冲击也使孩子们有很多想法,这些想法往往是产生综合实践活动主题的契机。毕竟我们的孩子们天天在学校里要学习不同的学科,在生活中也可能会遇到很多的问题,这些都难以融合成同一个主题的综合实践活动。或许,到一定时间主题形成了,但是兼职老师可能因为自身的教学任务,错过了这些综合实践活动开展的时机。基于个人的教学实践,我找到了微信平台,打开了与全班学生进行交流的渠道,而不是了解个别孩子们的兴趣与爱好,让接下来的综合实践活动与全班学生建立起生活的链接,从一个共同基调开始。

创意课堂是融合了语文、数学、美术、音乐、科学等学科开展的综合实践活动课。这个学期主要融合的是美术课程,或许接下来老师们要开展课本剧或者戏剧的活动,可以融合音乐学科中的音乐和舞蹈表现形式等来打开学生的律动世界。

创作课堂是融合了语文课的综合实践活动课,其实是回归到兼职综合实践活动课程老师的本专业,让老师借助自己的专业知识帮助学生获得提升和锻炼。

在综合实践活动课结束后,带领学生进行小组活动的评价。评价特别突出每个人的贡献是什么,让学生发现自己在小组活动中是被需要的身份,而不是突出某个孩子的能力,要让每个孩子认识到小组合作中任何人都是不可缺少的。在整个活动结束之后,个人肯定是有收获的,请学生结合自己的实际情况,采用文字表达、实物展示、图文并茂的小报等形式展示自己的收获。这样此项活动就真正触动了学生个性的探索欲望,促使学生就关注的问题持续探究和实践,或许会有学生有惊人的发现和创作呢。

三、学科融合对综合实践活动课程实施的意义

(一)保证综合实践活动课程的连续性

从现阶段综合实践活动课时使用的基本情况来看,课程开展要深入学生的生活实际,合理安排课时是相当有必要的。根据一段时间的思考和经验,我发现综合实践活动有其独立的课时特性,也有综合其他学科的生命力。寻找每一个平衡点,发现每一个创意点,就能为学生找到实践活动的天地,让学生动手又动脑,与创意捉迷藏。很多时候,学生的创意会大于老师的设想,所以要多与学生交流,了解他们的兴趣与爱好,发现创作空间。

(二)融合其他课程的知识与技能

在语文学科上如何提升学生的习作能力？对于五年级的孩子来说,他们拥有一定的生活经历,提起习作是有话题可选择的,但是部分孩子缺少留心观察周围事物的习惯,不能有意识地丰富自己的见闻。他们写出来的文章缺少真实的体验,往往只是把自己想象到的画面写出来,缺少真实的个人感受,归结原因还是动手实践的时间少。结合综合实践活动,学生进行了合作探究式学习,有了“具身学习”的体验,也有了真情实感,自然而然就能写出一篇篇精彩的文章,而且口头表达能力、与他人沟通交流的能力也在不断提升。

比如,融合美术学科的内容,美术教师会在课堂上教学生绘画的技巧。在体验地面和墙面创意画时,有很多孩子不知道自己要画什么,而那些热爱绘画的孩子就能找到自己想画的内容。当然,在综合实践活动课中,让学生打开视野,先借鉴模仿,然后独立创作,这样他们对绘画就有了敏感度,最关键的是他们心中有了故事,有了故事绘画还会难吗？在制作创意土豆画时,绘画技巧掌握不是太好的孩子也能找到美术创意的快乐,他们用土豆进行创意,变幻出菠萝、郁金香、猫头鹰等图案,体验创意带给他们的实践力和自主力。

(三)丰富综合实践活动课程的内容

在新的基础教育课程体系中,综合实践活动是综合程度最高的课程,它不是其他课程的辅助或附庸,而是具有自己独特功能和价值的相对独立的课程,它与其他课程具有等价性与互补性。与其他课程相比,综合实践活动具有整体性、实践性、开放性、生成性、自主性的特性。我们班的微信课堂、创意课堂、创作课堂给予孩子们广阔的视野、丰富的创意、真实的创作,丰富了综合实践活动课程。

立足生活，贴近生活，回归生活

陈家龙[①]，郜金杆[②]

综合实践活动课是在基础教育改革目标的指导下，将原来一些单科性课程整合为综合性课程。小学综合实践活动已成为一门独立的课程，而且是一门综合程度最高的课程。其课堂教学立足生活、贴近生活、回归生活，目的就是让学生参与社会生活，使学生拥有丰富的生活知识和生活体验。由于课程本身的特殊性，综合实践活动课在教学内容、组织形式以及价值目标等诸多方面，都与学科课程的教学有很大的不同。目前，小学综合实践活动课存在的真正问题是如何落实活动目标。要想真正落实综合实践活动课程的主旨，就必须把学校教育和生活实际密切联系起来。

综合实践活动课程的目的是让学生联系自然和社会实际，通过亲身体验和相关内容的学习，积累和丰富直接经验，促进综合素质的发展和提高，培养创新精神、实践能力和终身学习的能力。那么，如何把学校教育和社会生活密切联系起来？这就要求我们在教学活动中，让学生联系社会生活的实际，把教学内容渗透于活动之中，让学生亲自参与知识的形成过程，帮助他们掌握知识、探索知识、体验过程、尝试创新，体会到知识与生活的密切联系，从而给他们发现和创造的机会，体验探索的趣味。

一、社会实践要立足于生活

小学综合实践活动课注重知识的获取、技能的掌握与情感的教育，强调有意义的活动和主动探索学习。因此，学生的学习内容主要来源于其生活实践经

① 陈家龙，男，本科学历，当涂县太白中心学校一级教师。主讲课程：小学数学，小学综合实践活动。
② 郜金杆，男，本科学历，含山县环峰第三小学高级教师。主讲课程：小学语文，小学综合实践活动。主要研究方向：小学语文与综合实践活动的课程融合。

验,以日常生活中的现象和问题作为学习主题。在生活中寻找问题、探求知识,就能使学生产生浓厚的学习兴趣。

立足生活,才能让学生在生活中观察、实践,边观察边实践。例如,我们让学生制作月季花时,首先带学生在校园里观察月季花由哪几部分组成,并按照一定的顺序说出来,比如按照从上到下或者是从里到外的顺序。学生通过观察得出,一朵完整的月季花由花蕊、花瓣、花萼、花梗、叶子等组成。继而让学生思考制作这朵花需要哪几步并动手制作,最后说说哪个环节最困难。

由于这节课与我们的生活实际有紧密的联系,学生有生活中的参照物,能够在生活中边观察边实践,从呈现到分析,再到动手制作、评价,实现了在日常生活中渗透社会实践。

在教学"走进植物王国"单元时,我组织学生认真去搜寻植物。活动结束后,有的同学认识了很多植物品种,有花卉类,如月季、玫瑰等;有树木类,如松树、刺槐树等;有蔬菜类,如青菜、大白菜、茄子、丝瓜等。有的同学发现各种树木叶子的形状、大小都不相同;有的同学发现植物与人类生活有密切的关系,如蔬菜供我们食用,树木为我们遮阳挡雨,还能净化空气、调节气候、减少噪音、防止水土流失、防风沙、制造氧气等;还有同学感受到大自然的美丽,提倡好好保护大自然的生态环境。

立足生活,以日常生活中的现象和问题作为学习主题,让学生在生活中寻找问题、探求知识,从而使学生产生浓厚的学习兴趣,真正把学校教育和生活实际密切联系起来。

二、社会实践要贴近生活

在教师有效指导下的学生自主实践学习是实现综合实践活动课程价值的基本保证。也就是说,学生自主性的实践学习是在教师的有效指导下进行的,要突出该课程的实践性就必须体现学生是综合实践活动的主体。应通过各种贴近生活的体验活动,满足学生的天性,让学生在活动中获得快乐、获得发展。

例如,在开展认识水果的实践活动时,由于活动主题贴近学生生活,学生都兴趣盎然。当老师问道:"你们都喜欢什么水果?喜欢的水果是什么形状、什么颜色的?"由于这样的问题贴近学生的生活,学生回答得很积极:"我喜欢苹果,红红的,多好看啊!""我最喜欢吃香蕉,它又甜又软,味道可好了!""我喜欢吃的水果有橘子、桃子,还有……""我喜欢吃的水果是椭圆形的。""我喜欢的水果是紫色的，又酸又甜。”之后让孩子们介绍水果。由于贴近学生的生活实际，学生的介绍很全面，甚至对生长环境和种植要领也一清二楚。

在开展“关爱身边的人，传递正能量”主题活动时，我让学生走进敬老院，帮老人洗衣服、打扫卫生、叠被子等，同学们都积极参与。在总结这次综合实践活动的收获时，学生滔滔不绝。之后我进行活动的延伸：除了关心老人，我们还应该关心谁呢？学生都能争先恐后地说：“还有父母，还有需要我们关心的人。”通过这次实践活动，学生不但懂得了关心老人，还学会了关心父母和身边其他需要自己关心的人。

贴近生活的社会实践活动，不仅可以使学生学到很多在课堂上学不到的东西，还可以让学生把课堂上学到的理论知识同社会实践联系起来。参与社会生活和社会实践，既培养和锻炼了学生的实践能力，又加深了学生对社会的了解，培养了社会责任感。

三、社会实践要回归生活

综合实践活动中有不少内容是以安全教育为主题的，如“自然灾害中的自救与互救”“安全自护我能行”“安全亲近水”等。教师要注意把握时机，抓住教育的切入点，针对学生的思想和具体表现找准时机，然后结合教材内容和学生实际情况，有目的地渗透，使学生随时随地受到教育。在“安全自护我能行”单元中，学生们在老师的指导下进行了形式多样的实践活动，如留心观察同学们课间活动时攀爬、追打、拥堵楼梯等，并把观察的结果记录下来，分析这些危险的行为可能引发什么后果，应该注意些什么，向同学们宣传安全自我保护知识。

这样的实践活动让孩子们身临其境地体验，使孩子们懂得安全自我保护的重要性，提高安全防范意识。

另外，综合实践活动中有不少内容是以环境污染为主题的，如“可怕的白色污染”“变废为宝”等。在开展“变废为宝”活动时，老师让学生开动脑筋想想未来的垃圾要怎样处理，有学生提出要设计一种能自动把垃圾分类的机器人，减少环卫工人的工作，消除垃圾对人类的污染。老师又让学生动手将家中的塑料瓶、易拉罐等垃圾合理利用，变废为宝。他们都踊跃行动，有的学生做了风扇，有的学生做了花朵，有的学生做了花盆，等等。这些作品正是他们想象力、创造力的体现。

可见，小学综合实践活动以学生为本，将活动内容与学生生活实际相结合，将活动目标落实在实践活动的过程中。我们应该引导学生在生活中实践,在实践中学习,倡导学生主动学习、乐于探究、勤于动手,引导学生经历完整的问题探究、问题解决的基本过程,初步学会实践学习的方法。

方案设计篇

在实施综合实践活动教育教学中，教师不断地探究课程开展的实施办法，不断地细究学生成长所需的核心素养，不断地摸索有效的课程教学方式。

综合实践活动课程的课程性质决定了综合实践活动课程的开展需要借助于大量课程资源的支持，现阶段提供的教学活动设计，密切关注、开发、利用当地自然环境和社会生活中的课程资源，为综合实践活动的实施创造必要的条件。

方案设计篇，尝试回答四个核心问题：为什么教，教什么，怎么教，教到什么程度。综合实践活动的教学质量指向于学生在实践过程中能力的发展及表现程度，因此，在活动的主题选择、活动的实施和活动的结果等方面，给了学生一定的时间和空间范围，并给予一定的方法和策略指导，运用多样化的评价方式检测学生的能力是否得到提高，满足学生发展个人兴趣和专长的需要，让学生积极健康地全面发展。

节约用水

龚家丽①

一、主题由来

在日常生活中，一拧水龙头，水就源源不断地流出来，我们可能丝毫感觉不到水的危机。但事实上，我们赖以生存的水资源正日益短缺。目前，全世界还有超过10亿的人口用不上清洁的水，人类每年约有310万人因饮用不洁水而患病，甚至死亡。基于这种现状，我们将本次活动主题设定为“节约用水”，希望通过这次活动带动学生，让学生带动家庭，再让家庭带动社区，最后让全社会都形成节约用水的良好氛围。

二、学情分析

明光市地处安徽省东部，长江中下游北岸，长江三角洲西端，水系发达，地跨长江、淮河两大流域，境内河流分属三大水系，即淮河干流水系、滁河水系和高邮湖水系。明光市不属于缺水的城市，明光市的孩子自然也难以认识到水的宝贵，所以本活动的开展就显得非常迫切，且具有重要意义。

四年级的孩子已经初步具备了一定的认知、研究能力，掌握了进行综合实践活动的一些方法，加上“水”和他们的生活密不可分，所以只要安排得当，“节约用水”这一综合实践活动一定能够顺利有效地进行。

三、活动目标

(1)通过上网搜集资料、分析、统计等方法，了解水资源的短缺，感受节约用

① 龚家丽，女，本科学历，明光市逸夫小学高级教师。主讲课程：小学语文，小学综合实践活动。主要研究方向：语文与综合实践活动的课程融合。

水的重要性。

(2)通过观察,了解生活中一些浪费水的现象,思考、探究节约用水的方法,养成节约用水的习惯。

(3)开展办报、制作标语、小发明等一系列实践活动宣传“节约用水”,培养社会责任感和实践能力。

四、活动准备

教师准备:多媒体课件、活动卡片。

学生准备:课前,分小组合作完成活动卡片一和活动卡片三。

五、活动过程

(一)准备阶段

(1)导入:同学们,前两天老师看了一篇文章,心情一直很沉重,我想推荐给大家看看。

(多媒体展示马朝虎的文章《饿水》。)

(2)看了这篇文章,同学们可以谈谈自己的感受吗?

(3)你有没有关注过缺水的问题?可以说给我们听听吗?

(4)水,与我们的生活密切相关,可是我们了解水吗?除了知道我们的生存离不开它,打开水龙头它就会“哗啦哗啦”地流出来,你们还知道哪些关于水的知识?(学生思考、讨论)

(5)看来我们对水的了解太少了,我们沿着刚才同学们的思考来探索被人们称为“生命之源”的水吧。我们可以从哪些方面入手呢?

(6)学生讨论后自己组建小组,推荐组长。

教师明确本阶段的主要活动目标是以小组为单位,在组长的带领下进行任务分工:

①搜集、查阅资料,统计数据。

②各组长汇总组员的水资源调查表(见表1),准备发言。

表1 水资源调查表

学生姓名:__________

查阅资料摘要	
各项数据统计	

(设计意图:初步培养学生观察、实验、收集、统计和筛选资料的学习意识,加强团队意识,树立合作精神。)

(二)实施阶段

环节一:缺少水。

(1)分小组汇报课前搜集的关于水资源的各项报告和数据。

(2)学生畅谈由资料引发的对水的认识,如水的作用、水污染、缺水所引起的干旱、浪费水的现象等。

教师小结:水是生命之源,我们无法离开水。

板书:

水——生命之源

(3)出示图片,播放视频。

在了解水的相关知识的基础上,用旱灾地区的图片和视频让学生直观感受缺水或无水带来的危害,自动过渡到下一环节——浪费水。

(设计意图:调查水的现状是学生自由探索,本环节的教学则使学生将探索到的知识内化,让学生明白了水的重要,更为下一环节的展开形成了良好的课堂基调。)

环节二:浪费水。

(1)水量计算实验。

用带小洞的矿泉水瓶子模仿水龙头滴水现象,小组合作用小量杯统计滴水量并完成表2。

表2 自来水滴漏现象观察记录表

第(　　)组

时间	十分钟	一小时	一天	一年
滴水量				
由此想到:				

(2)各小组推荐代表介绍自己小组的实验情况及观点。

(设计意图:综合实践活动课强调学生的实践性,提倡研究性学习,这个环节的设计,不仅提高了学生的动手能力,增强了学生的探究意识,还充分调动了学生的学习动机和兴趣,通过实验得到数据可以促进学生对水资源浪费现象的思考。)

(3)调查生活中浪费水的现象。

生活中不被人重视的浪费水的现象还有很多,同学们留心一下,把这些现象记录下来,发挥聪明才智,群策群力找到解决这些浪费问题的对策。这是我们这个实践活动要进行的第二项调查活动。

请组长带领同学们完成老师发放的第二张卡片上的任务,看哪一组观察最用心,想的办法最多。最后请填写表3。

表3 浪费水现象调查表

第( )组

浪费水的现象	应对策略

环节三:节约水。

(1)汇报课前调查的情况(活动卡片三)。

(2)班级讨论:“节水”是全社会都应该关注的话题,我们能做些什么来呼吁人们重视这些浪费水的现象,并节约用水呢?

(3)讨论“节水”的宣传方式,同学们根据自己的兴趣成立合作小组。(如手抄报制作组、校园板报宣传组、“节水神器”创作组等)

(设计意图:综合实践活动课要求学生亲身经历实践过程,培养乐于探究、勤于动手、勇于实践和学以致用的品质。因此,本环节不仅让学生展示了自己的研究成果,还激发了他们的社会责任感。)

(三)展示阶段

举行主题为“珍惜水资源,珍爱我们的世界”的班级展示活动。

根据课前准备,各小组展示成果:

(1)手抄报制作组推荐代表用实物或者幻灯片展示并讲解“节约用水”的相关知识。

(2)校园板报宣传组带领同学们走进校园,展示板报内容,并进行“节约用水”的宣传。

(3)“节水神器”创作组展示自己的小创作并说明节水原理。

(设计意图:本环节不仅仅是成果的展示,更是一次“节水”再教育,起到了加深认识的作用。)

(四)拓展阶段

周末实践活动:“节约用水　人人有责”的宣传活动。

(1)活动地点:明光市体育场。

(2)活动成员:逸夫小学五(3)班全体师生。

(3)活动安全保障:逸夫小学五(3)班全体老师及家长志愿者。

(4)活动安排:

①周六下午五点全体参与人员在逸夫小学门口集合。

②班级同学按之前的小组分配由组长带领,整理准备好的活动用品,每组由一名老师、两名家长负责各项安全工作。

③各小组同学宣传活动时间是每天放学后5:30—6:30,手抄报制作组、校园板报宣传组的同学将制作的板报拍成照片展示,“节水神器”创作组向傍晚锻炼的人群进行“节约用水”的宣传。

④活动结束后,学生由各自家长带回,回家完成活动评价表(见表4)。

表4　活动评价表

学生姓名:__________

能力类型	学生自评	小组互评	家长评价	教师评价
动手操作能力				
搜集筛选能力				
调查统计能力				
合作交流能力				
评价标准参考: ★动手操作能力: A.喜欢动手实践,操作规范　B.能动手实践,基本完成实验　C.不愿意动手实践 ★搜集筛选能力: A.会快速筛选自己所需材料　B.在他人的帮助下能搜集材料　C.不会搜集材料 ★调查统计能力: A.能积极观察,主动记录　B.能按要求观察、记录　C.没有发现,不善思考 ★合作交流能力: A.积极参与小组活动、与小组成员相处融洽　B.能配合其他成员完成任务　C.不能有效沟通、合作				

(设计意图:综合实践活动课重在动手操作,让学生分组完成这样一个社会宣传活动,既增强了学生的社会服务意识和社会责任感,也培养了学生的团队精神和创新意识。)

自制礼物

江　南[1]，孟翠兰[2]

一、主题由来

礼物是在社会交往中，为了表达祝福和心意或以示友好，人与人之间互赠的物品。逢生日、节日、纪念日时，送给他人一份礼物，把自己的心意传达给他人，是一件温馨美好的事情。根据综合实践活动课的课程性质，结合安徽教育出版社出版的《综合实践活动　五年级下册》（资源包）和学生的年龄特点，我们对"自制礼物"这一活动主题进行了二度开发，确定了活动主题。

二、学情分析

五年级孩子在平常的生活中有送出礼物和收到礼物的经历，其中有一些是自制礼物。这个年龄阶段的孩子具有一定的动手能力，但也会出现一些问题：感受不到人与人情感交流的重要性，活动过程中自制礼物的个性化不强，在制作中创新意识不够，等等。

三、活动目标

（1）了解礼物代表的含义，掌握自制礼物的基本方法。

（2）培养搜集、筛选信息的能力，激发创新意识。

（3）感受礼物与风俗文化的关系，开展社区实践活动，体验人与人之间情感交流的重要性。

---

① 江南，女，本科学历，安庆市中兴小学高级教师。主讲课程：小学语文，小学综合实践活动。

② 孟翠兰，女，本科学历，淮北市相山区土楼中心学校高级教师，业务副校长。主讲课程：小学语文，小学综合实践活动。

四、活动准备

（1）了解不同礼物表达的寓意。

（2）整理有关资料，制作课件。

（3）选择要制作的礼物，做相关准备。

五、活动方法

资料查阅—实地寻访—讨论交流—同伴互助—动手制作。

六、活动过程

（一）准备阶段

（1）每一份礼物都具有一定的含义，这个阶段的主要目标是以小组为单位，在组长的带领下分配任务、搜集资料、讨论交流，探寻各类礼物的意义。

（2）举行“原来如此——礼物的含义”汇报会。

①由小组代表在全班进行交流，将信息贴上“信息树”共享。

②总结获取信息的方法。

（3）按兴趣分组，根据不同材质，分成纸艺布艺组、马勺彩蛋组、变废为宝组、丝带绳结组、陶泥捏制组。每位同学根据自己的兴趣爱好与特长自主进行分组，每组推选出一名组长，布置任务，准备材料。

（设计意图：手工制作内容丰富，材料不同，展现形式多样，在短时间内想全部掌握是不太可能的。可以引导学生探究制作其中一种物品，弄懂制作过程，做到精致完美。）

（二）实施阶段

1. 礼物制作方法指导（一）

（1）讨论确定要制作的礼物的名称、意义，所需要的材料，制作方法，并填写制作单（一）（见表1）。

表1 制作单(一)

自制礼物的名称	
★ 含义	
材料	
方法	

交流填写内容,适时提醒补充。

板书:

含义、材料、方法、好、妙

(2)预设、发现、解决困难。

预设在制作过程中可能会出现什么样的困难或问题。给学生一些简单的材料,让学生试一试。根据预设或者实际出现的情况,思考填写制作单(二)(见表2)。

表2 制作单(二)

遇到或者可能会遇到的困难:
解决的办法:

交流思考内容,及时点拨与指导。

(3)思考并填写制作单(三)(见表3)。

表3 制作单(三)

★如何能让礼物做得更完美:
本节活动课的体会或收获:

小组汇报,本组成员补充,其他小组成员提出意见。小组成员重新修改完善交流计划中的内容。用图片展示一些成品,拓展思维。

板书:

巧

交流体会或收获,将礼物制作种类概括为:

①意义好（表达祝福、感恩、友情、关爱等）。

②材料妙（各类纸布、丝带线绳、废旧物品、装饰小物品等）。

③方法巧（剪、刻、捏、折、编、结、缝、粘等）。

（设计意图：学生有生活经历，具有一定的操作能力。在活动的过程中通过小组内的交流合作让学生对本组的活动目的、活动方式都有更深入的了解，通过听取他组的建议和自己的思考完善活动，同时养成虚心求教的学习习惯。）

2. 礼物制作方法指导（二）

第一课时：小组讨论制作礼物的名称及所用的材料和方法，绘制礼物基本图形，分工合作，对礼物进行初步制作。

第二课时：教师指导学生对礼物进行加工美化。

比如，根据花朵的品种加上合适的叶片，给马勺悬挂中国结，给欧式面具加羽毛亮片，等等。

（设计意图：同学们互帮互助，讨论交流，既培养了学生的动手实践能力和合作能力，又激发了学生的创新意识和创造力，充分体现了综合实践活动课程的实践性、自主性、整合性和亲历性。）

（三）展示阶段

（1）举行“礼轻情意重——自制礼物展示会”。

（2）说说礼物背后的故事。

（3）举办“变废为宝”创意大赛。

（4）彩蛋展。

（设计意图：展示与交流发挥了个人特长，同时展现了学生对所学知识的综合运用能力。通过小组同学的展示汇报，所有同学对礼物的意义有了更多的了解。）

（四）拓展阶段

（1）人无礼，无以立——接物递物礼仪学习。

（2）社区实践活动：与康复机构的脑瘫患儿共做超轻黏土创意挂历。

（3）“礼物”主题手抄报评比。

（4）“珍贵的礼物”征文比赛。

（设计意图：拓展活动促进了学生对礼物更深层次的了解，让学生由对礼物的理解上升到形成自我高尚的品格。）

探访杏花村

李　燕[①]

一、主题由来

池州山清水秀，人杰地灵，素有“千载诗人地”的美称，池州的杏花村也因杜牧的诗《清明》而誉满天下。2016年3月，适逢池州正在举行首届杏花村文化旅游节活动，央视《百家讲坛》主讲人之一的纪连海老师以及央视节目主持人宋英杰老师应邀前来做主题讲座。学生对此项盛事的关注度很高，对杏花村的兴趣也非常浓厚。根据综合实践活动课的课程性质，结合安徽大学出版社出版的《综合实践活动　四年级下册》（资源包）和学生的关注点，我对“我的家乡”这一活动主题进行了二度开发，确定了本次活动的主题——探访杏花村。

二、学情分析

四年级孩子已经具备了一定的搜集整理资料的能力，他们对美的事物有了一定的鉴赏能力，也具备一定的绘画、摄影等技能。孩子们的合作意识、与人交往能力正在逐步形成中，有待于进一步提高。

三、活动目标

（1）通过读书、查找资料、采访等方式，证实杜牧笔下的杏花村确实在我们的家乡池州。

（2）学会调查、探究的方法和收集、处理、运用各种信息的方法。

（3）全方位地认识杏花村，感受杏花村的历史、文化。

---

① 李燕，女，本科学历，池州市贵池实验小学一级教师。主讲课程：小学语文，小学综合实践活动。

(4)提高合作意识、探究意识、创新精神和实践能力,锻炼交际能力、口头表达能力、文字处理能力。

(5)培养热爱家乡的感情,为家乡的发展献计献策。

四、活动准备

关于杜牧《清明》中描绘的杏花村究竟在何处,历来众说纷纭,比较有争议的是山西杏花村与池州杏花村。让学生搜集杏花村确实在池州的相关佐证资料。

五、活动过程

(一)确定研究内容

课前布置任务,让学生搜集有关杏花村的资料,完成任务单(一)(见表1)。

表1 任务单(一)

探究问题:杜牧《清明》诗中的杏花村究竟在何处?	
两种说法	说法依据
1.	
2.	
得出的结论:	

(1)激趣导入。出示杜牧的《清明》,提问:杜牧笔下的杏花村究竟在何处?

关于杏花村究竟在何处,争议最大的就是山西的杏花村和咱们池州的杏花村了。那么,杏花村到底在何处呢?

(2)交流课前搜集的资料。

①有文献记载,古迹佐证。明、清以来的《池州府志》《贵池县志》《杏花村志》,清代官修的省级地方志《江南通志》,对此都有肯定的记述。

②与杜牧年表一致,唐会昌二年(842年)至大中元年(847年),杜牧先后在黄州(湖北麻城)、池州(安徽贵池)、睦州(浙江建德)三个地方任刺史,其中,在池州任职的时间最长。从会昌四年(844年)至六年(846年),他在池州度过了三个年头两个春天,因此,明清时期的地方志对杜牧在池州的活动记述颇多,所收集的他在池州出游、送别、会友以及处理政务的诗文,远远超过其他地方。

③与东南气候、景色吻合。贵池濒临长江南岸,气候温和湿润,清明前后,细雨纷纷,正是《清明》诗第一句所描写的景象。

(3)得出结论:杏花村在池州。

(4)咱们池州的杏花村历史悠久,风景优美,文化底蕴深厚。现在,咱们池州正在举行首届杏花村文化旅游节活动,不仅吸引了一大批游客前来观光,而且央视《百家讲坛》主讲人之一纪连海老师也应邀将于近日来杏花村讲学,杏花村真是值得我们去探究一番。

交流:你想对杏花村做哪些探究呢?

(5)收集整理同学们的想法和研究方向,确定以下几个活动内容。

①“吟诗杏花村”:具有“千载诗人地”美称的池州,有哪些与杏花村有关的诗词呢?收集古诗词,创作新诗词,举办一场吟诗会。

②“美丽杏花村”:杏花村景色优美,用多种方式记录杏花村的美景。

③“展望杏花村”:杏花村已经有了深厚的历史文化底蕴,那么我们该如何将历史文化与现代发展融合,打造新“杏花村”,为杏花村乃至家乡的发展献计献策呢?

(6)根据学生选择的研究内容进行分组,填写任务单(二)(见表2)。

表2　任务单(二)

<table>
<tr><td>组名</td><td></td><td>研究内容</td><td></td></tr>
<tr><td rowspan="7">小组成员及分工</td><td colspan="2">成员</td><td>分工</td></tr>
<tr><td>组长</td><td></td><td></td></tr>
<tr><td rowspan="5">组员</td><td></td><td></td></tr>
<tr><td></td><td></td></tr>
<tr><td></td><td></td></tr>
<tr><td></td><td></td></tr>
<tr><td></td><td></td></tr>
<tr><td colspan="2">准备工作</td><td colspan="2"></td></tr>
<tr><td colspan="2">研究方法</td><td colspan="2"></td></tr>
</table>

预设学生在活动中可能碰到的困难:

①如何确定采访对象,怎么联系采访对象。

②学生在活动中可能需要多次前往杏花村,他们的出行安全如何保障。

③学生活动中的经费保障。

以上困难的应对措施:指导学生设计好采访问题,帮助学生联系杏花村文化旅游局相关人员,定好采访时间;学生活动中的出行安全及经费保障,与家长沟通,取得家长的支持与配合。

(设计意图:借举办杏花村文化旅游节的机会,营造氛围,让学生碰撞出思想的火花,激发学生对杏花村的探究兴趣。)

(二)分组活动实施

(1)走进杏花村,亲身感受杏花村的美景,并记录下这些美丽的景色;听纪连海老师的讲座,再一次品味杏花村的历史人文。

(2)实地考察杏花村,采访杏花村文化旅游局的相关工作人员,了解目前杏花村的发展规划。

(3)参观杏花村"梅州晓雪"馆,搜集杏花村诗词,尝试创作赞颂杏花村的诗词。

(4)活动后,完成任务单(三)(见表3)。

表3 任务单(三)

组名		组员	
研究过程记录	时间	活动内容记录	
成果与收获			

(设计意图:学生们通过读书、查找资料、采访、实地考察等形式,走进杏花村,感受千年杏花村的文化内涵。本环节一是让学生在活动中培养综合实践能力,二是使学生在调查体验中对杏花村的历史有所了解,增强学生对家乡的热爱之情。活动充分体现了综合实践活动课程的实践性、综合性和亲历性。)

(三)展示阶段

回顾导入:通过这次的活动,大家对杏花村有了一个更深入的认识,相信大家都有很深的感受,一起汇报研究成果吧!

(1)"吟诗杏花村"诗词吟诵会。

①编排节目。

②安排主持人,准备节目单。

③诗词吟诵。

(2)"美丽杏花村"作品展示。

通过图片、视频、音频、绘画、摄影等形式,展示杏花村的美景,如"唐茶村落""白浦荷风""梅州晓雪"。

(3)"展望杏花村"。

在采访的基础上,了解杏花村目前的规划,提出自己的想法。

①吸引投资,继续开发杏花村,让杏花村成为全国著名的绿色生态区,成为大家向往的世外桃源。

②主打旅游牌,吸引游客前来观光旅游,带动家乡的经济发展。

③举办"文化讲坛",邀请著名学者专家来杏花村讲学,提高全民的文化素养……

(设计意图:通过搜集、吟诵有关杏花村的古诗词,进一步感受杏花村的历史文化底蕴。活动中的展示与交流发挥了学生的特长,激发了学生对家乡的热爱。有一位学生在家长的指导下创作了一篇《七律·咏梅》:"雪映梅花点点红,树梢挂满红灯笼。傲骨一身银装裹,飒飒挺立寒风中……"可谓精彩。)

(四)拓展阶段

(1)继续关注杏花村的发展。

(2)根据自己的兴趣点进行实践活动。如:探访池州傩文化发源地,寻访罗城民歌传人刘正荣……

(设计意图:拓展活动让学生关注家乡的历史人文,进一步激发学生对家乡的热爱之情,同时延伸出其他的活动主题。)

饮食与健康

马淑琴[①]

一、主题由来

饮食与健康是一个很值得探讨的活动主题,因为它与我们的生活息息相关。良好的饮食习惯、科学合理的饮食结构有利于我们的身体健康,然而在现实生活中,很多孩子,尤其是农村的孩子,甚至家长都忽视了这一点。在日常生活中,我们发现很多孩子的饮食习惯不好,偏食、吃零食、不吃早餐、饭后剧烈运动等现象比较严重。针对此类现象,我们应及时采取恰当的方式对他们进行教育,让学生形成科学的饮食观念和习惯。

二、活动目标

(1)了解日常饮食的合理搭配,形成科学的饮食观念。

(2)了解不良饮食习惯对身体的危害,养成良好的饮食习惯。

(3)学会调查、访问、上网查询资料;学会分工合作、讨论交流;提高行动力和控制力。

三、活动准备

教师准备:搜集一些身体处于亚健康状态的儿童图片、常见食物的营养成分资料、活动方案填写表。

学生准备:活动记录单。

---

① 马淑琴,女,本科学历,宿松县复兴镇中心小学高级教师。主讲课程:小学数学,小学综合实践活动。

四、活动过程

(一)活动准备阶段

(1)主题引入。

①情景选择:有三位朋友,分别是“聪明”“健康”“财富”,让你选择其中一个,你会选择谁呢?说出你的理由。

②图片展示:出示一组处于亚健康状态的儿童图片,思考出现这样的身体状况可能与什么有关。

(设计意图:让学生在视觉上、理智上认识健康的重要性,激发学生参与此次主题实践活动的情感需求。)

③引入主题:健康与饮食有密切的关系,我们的饮食要注意些什么呢?下面,我们围绕“饮食与健康”这个主题开展研究活动。

(2)分解主题,成立研究小组。

①如何用科学的饮食获得健康的身体呢?

(提议:自由发言,不说重复的知识;时间控制在5分钟内。)

②整理思绪,提炼小主题。

预设:“良好的饮食习惯”“正确的饮食搭配”。

(设计意图:五年级的学生对饮食知识有一定的了解,但他们的认知是无序而杂乱的。每个学生的家庭饮食习惯和家长的重视程度不同,让学生展示自己所了解的相关知识,有利于学生提炼主题、分组活动。)

(3)完成小组活动方案;

①选择自己感兴趣的主题组成研究小组。

②每个小组将研究主题细化成分主题,再分工合作研究。

③制定小组活动方案,填写表1。

表1 “饮食与健康”活动方案

<table>
<tr><td>活动主题</td><td colspan="3"></td></tr>
<tr><td>小组名称</td><td colspan="3"></td></tr>
<tr><td>组长</td><td></td><td>组员</td><td></td></tr>
<tr><td>活动内容</td><td colspan="3"></td></tr>
</table>

续表

时间安排	
活动方式	
小组分工	
活动成果	

④教师巡视指导,适当提示,如可以调查身边健康长寿老人的饮食习惯,了解有关饮食的俗语,每个小组成员在活动记录单中记录了解到的内容、调查的对象和方式等。

(4)汇报小组活动方案。

组长汇报本组制定的活动方案,师生对活动方案的可行性给予必要的补充和指导。

(设计意图:在小组讨论的基础上形成的活动方案有一定的可行性,但五年级学生活动经验有待进一步积累,且饮食与健康的研究范围较广,有一定的深度,适当的补充和指导有利于学生顺利地开展实践活动。)

(5)评价鼓励。

教师总结:通过交流,同学们对健康饮食知识有了一定了解,但为了我们自己和家人的健康,还需了解得更细致,要用实际行动和有效方式达到我们的活动目标。

(二)实施阶段

(1)学生进行调查记录。

(时间为一周,教师及时了解学生活动进展。)

第一个主题小组调查的主要内容:

①自制表格记录自己家一周的菜谱。

②仔细观察,找出家人有哪些良好的饮食习惯,哪些不好的饮食习惯。

③饮食习惯不好会有什么后果?

④调查当前市场上的食品存在哪些问题。

第二个主题小组调查的主要内容:

①10到12岁儿童的成长需要补充哪些营养?

②家乡一年四季都有哪些节令蔬菜、水果?它们分别有哪些营养价值?

③常见荤菜的营养价值分别有哪些?

(2)汇集小组成员调查的成果,完成活动方案。

(设计意图:综合实践活动课程的主要目标是充分发挥学生的主体性,培养学生的综合实践能力。给学生充足的调查访问、信息查询、收集整理的时间和恰当的指导是提高学生综合实践活动能力的有力保障。)

(3)小组商讨展示方式,准备展示活动成果。

(提示:可用幻灯片展示文字资料、图片或短视频等,教师注意指导学生操作。)

(三)成果展示阶段

(1)分组汇报活动成果。

(2)其他成员补充完善,并记录下补充内容。

(3)教师引导学生进行活动总结。

①科学的饮食习惯:

A. 早餐吃好,午餐吃饱,晚餐吃少。

B. 早晨起床喝杯开水,每餐饭前喝半碗汤或开水。

C. 饭前不吃零食,睡觉之前不吃东西。

D. 坐着吃饭,饭后半小时后运动,2小时后吃水果。

②青少年营养饮食:

A. 荤素搭配,荤素比例1:3或1:4。

B. 多吃五谷杂粮、蛋类,每天喝一杯牛奶。

C. 不吃或少吃油炸食品、腌制食品。

D. 不偏食,吃节令蔬菜、水果。

E. 生长发育期要补充足够的钙、锌等微量元素。

……

(设计意图:本活动分两个方向进行调查研究,学生获取知识的途径、方式及成果都要相互交流、共同完善。相关知识很多,教师根据平时对学生的观察,有针对性地板书和强调。)

(四)成果巩固阶段

(1)自我诊断:我家一周的菜谱是否营养均衡?我和家人有哪些良好的饮

食习惯?

(2)设计菜谱:和妈妈一起设计适合全家人的一周菜谱,做好记录。

(设计意图:第一个环节的目的是促进学生反省自己的饮食习惯,把实践所得变成实际行动;第二个环节是检测学生对饮食搭配的了解程度,加深对自身营养需要的认识。)

(3)我令我行:记录一周的饮食习惯和每天的食品名称,一周后把记录单放入自己的成长记录袋。

(设计意图:此环节是为了督促学生养成良好的饮食习惯,提高自我控制力,用实际行动为自己的健康保驾护航。)

体验合作

宁青青[①],薛晓林[②]

一、主题由来

现代社会是全球化的社会,更是彼此合作的社会,合作精神是人类文明进步的重要标志之一。四年级学生开始步入少年期,个人表现欲增强,开始独立思考和探索,但集体意识和合作意识不强,在学校和家庭生活中常常表现出以自我为中心、争强好胜、单打独斗的现象。认识合作、学会合作对学生来说意义重大。

二、活动目标

(1)了解合作在日常生活中的应用。

(2)遇到困难能产生合作意识,思考合作方法,学会与人合作。

(3)能与他人分享合作的方法和感受,反思并改进日常生活中不合作或不会合作的行为。

(4)能提出并形成有意义的、有关合作的活动小主题。

三、活动准备

教师准备:设计符合学生实际,易于操作,形式多样的合作游戏和活动。

学生准备:观察身边需要通过合作才能完成的事情,并记录下来。

---

① 宁青青,女,本科学历,黄山市新城实验学校一级教师。主讲课程:小学语文,小学综合实践活动。

② 薛晓林,男,本科学历,太和县第十一中学二级教师。主讲课程:中学数学,中小学综合实践活动。

四、活动过程

（一）情境导入，感受合作

（1）出示有关手指的谜语：一棵小树十个杈，不长叶子不开花；能写会算还会画，天天干活不说话。

（2）五根手指各有短长，说说你认为哪个手指最有用，原因是什么。

（3）用你认为最有用的手指系红领巾，同另一位用双手系红领巾的同学进行比赛，看谁系得又快又好。

（4）师生交流，畅谈感受。

（5）小结："手指的全体，同人群的全体一样，五根手指如果能团结一致，成为一个拳头，那就根根有用，根根有力量，不再有什么强弱、美丑之分了。"（丰子恺）

（6）板书主题：体验合作。

（设计意图：由日常行为编排游戏导入活动，让学生初步感受"独木不成林"，认识合作的力量。）

（二）小组交流，了解合作

（1）教师启发：出示配乐《众人划桨开大船》及有关图片（见图1、图2）。

图1 跳绳活动

图2 两人三足竞走

（2）学生思考：在我们的学习和生活当中，还有哪些事情是需要合作来完成的？

（3）组内讨论：小组代表汇报结果。

（4）形成认识：在学习中，合作帮助我们战胜困难；在生活中，合作使我们感到快乐;在比赛中,合作为集体赢得荣誉;在游戏中,合作让我们玩得开心。

(设计意图:让学生在身边寻找合作,对合作有更具体的认识,明确合作是什么,哪些情况下需要合作,合作的意义在哪里。)

(三)设计游戏,体验合作

(1)“切水果”游戏(见图3)。

图3 “切水果”游戏截图

规则:

①第一次播放“切水果”游戏视频,说一说视频中都出现了哪些水果。

②各种水果分别出现了几次? 小组商量对策,再次播放视频。

③交流成功的经验,找出失败的原因(诸如视频播放快,跟不上;水果数目多,数不清等问题)。

④如何解决以上问题,小组再次商量对策。

(设计意图:第一个问题依靠个人力量就能解决,第二个问题就需要依靠小组分工合作才有可能完成,第三个问题则需要同学们思考在合作过程中遇到问题该如何应对。此环节意在启发学生既要有合作意识,又要讲究合作的方法,还要多点耐心,多几次尝试。)

(2)“魔法飞毯”游戏。

规则:

①小组成员不借助外力用最快的速度站到“飞毯”(材料可以是报纸、布、纸盒等,大小为60 cm × 50 cm)上。

②将“飞毯”对折(30 cm × 50 cm),小组成员想办法再次站到“飞毯”上就算完成挑战。

(设计意图:此环节中,站到对折后的“飞毯”上比较困难,学生虽然可能会抱怨"飞毯"面积太小、同伴体积太大等，但也能想出"金鸡独立""一个背着一个""相互踩脚站""众星拱月"等好的方法。在这个过程中让学生不断讨论：合作中该怎样对待失败？一味抱怨、指责有用吗？上述方法中谁来做"牺牲者"，承受重量和疼痛呢？在"尝试游戏—找出问题—讨论方法—再次游戏—总结升华"的过程中，同学们对合作有更深层次的理解，同时认识到指责、抱怨于成功无益，齐心协力、众志成城才能取得成功。)

（四）实践分析，指导合作

(1)我是小侦探：出示学生拔河比赛的图片(见图4)，通过观察，猜猜哪一队赢得了比赛，并说出理由。

图4　拔河比赛

(2)畅谈感受：合作与不合作有什么区别?

(设计意图：通过图片的鲜明对比，学生更深刻地感受到合作的意义及其重要性。)

（五）活动延伸，拓展合作

(1)关于合作你们想了解哪方面内容?

(2)组内讨论，写下各自的想法。

(3)代表发言，班级交流。

(4)选择自己感兴趣的主题，自由分组，制订计划，开展活动。

剪　纸

申　丽[①],江　玮[②]

一、主题由来

剪纸是我国古老的民间艺术,形式多样,有深长的寓意,能够表达浓郁的生活气息,体现了人们丰富的想象力。学习剪纸技巧,掌握剪纸技能,能提高学生的实践能力和创新能力,使他们了解中国悠久灿烂的传统文化。

二、活动目标

(1)能运用对折法、连续折剪法等基本剪法,剪出对称图案、连续图案,提高动手能力和创新能力。

(2)初步了解剪纸,对剪纸产生兴趣,更加热爱祖国的传统文化。

(3)在创作剪纸作品的过程中,增强发现美、创造美的意识,提高热爱生活的情趣。

三、活动准备

教师准备:剪纸作品、多媒体课件。

学生准备:剪刀、垫板、纸、橡皮、铅笔等。

---

① 申丽,女,本科学历,萧县大屯镇中心小学高级教师,教导处副主任。主讲课程:小学数学,小学综合实践活动。

② 江玮,女,专科学历,淮南市谢家集区第一小学高级教师。主讲课程:小学数学,小学综合实践活动。

四、活动过程

(一)初步了解剪纸

(1)谈话导入:剪纸是我国古老的传统民间艺术,已经有1000多年的历史。剪纸风格独特,深受国内外人士所喜爱。接下来让我们一起欣赏精美的剪纸作品。

(2)利用课件展示剪纸作品(见图1、图2、图3)。

图1 福至花开

图2 连年有余

图3 崔莺莺

(3)引出课题。

板书:

剪纸

(4)说说自己最喜欢的一幅剪纸作品。

(5)教师对图案寓意补充介绍。

(设计意图:通过欣赏作品,让学生初步了解剪纸艺术,激发学习兴趣。)

(二)自主探究

(1)出示剪纸作品《蝴蝶》(见图4),让学生观察。

图4 蝴 蝶

(2)研究方法。

①仔细观察,它是什么图形?

(轴对称图形。)

②轴对称图形有什么特点?

(沿着对称轴对折图形,图形两边能够完全重合。)

让学生将手中的正方形纸片对折。

③提问:同学们,这样漂亮的图案,你知道是怎样剪成的吗?

引导学生先将纸对折,然后在纸上画出蝴蝶的一半,最后沿轮廓线剪。

④你们想不想自己剪一只漂亮的蝴蝶?

让学生准备好剪刀和纸,提醒学生使用剪刀时的注意事项。

(设计意图:利用轴对称图形的知识来验证生活中的实际问题,将各学科知识与综合实践活动进行有机整合。)

(三)动手操作

(1)课件出示蝴蝶图案。演示蝴蝶纸样对折后的形状,然后将未剪的正方形对折纸样和对折后的蝴蝶纸样摞在一起进行比较。

①提问:你发现了什么?

②学生尝试操作。

第一步:拿出对折好的正方形纸片,画出一半蝴蝶的轮廓线。

第二步:剪去轮廓线以外的部分。

③全班交流。

将优秀的作品贴在展示板上。

④启发:为什么有的同学剪出的图案漂亮,而有的同学剪出的图案稍有不

足呢？

（关注点：对折的整齐度、图案的美观、线条的流畅等。）

⑤根据学生的回答总结并板书：

对折要整齐

画样要美观

用剪要准确

(2)课件出示作品《树木》(见图5)：

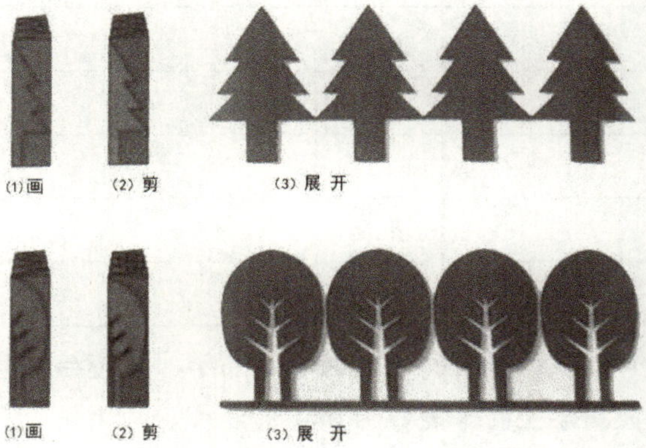

图5 树 木

①引导学生观察图5。

②怎样才能一次剪出多幅图案呢？

（对折两次。）

上面这幅作品应该对折几次？

（上面这幅作品中小树是轴对称图形。将纸对折三次后，画出小树的一半，沿轮廓线就可以剪出四棵小树。）

③课件演示后，学生动手折一折。

有的学生可能是横着对折一次，再竖着对折。此时，要重点演示对折的方法，并对个别学生进行辅导。

学生演示：沿着同一方向对折三次。

④学生画出小树一半的图案，再动手剪。

⑤展示自己的作品，将优秀作品贴在黑板上展评。

（设计意图：利用多媒体演示，引导学生思考剪纸的基本方法，在尝试剪的过程中，初步掌握剪纸的基本方法与注意事项。）

(四)展示评比

(1)你认为哪幅作品最漂亮？它运用了什么样的折法？

学生发表自己的看法，并将自己的想法填在评价表里(见表1)。

(设计意图：引导学生评价，提高其审美能力。)

表1 四(2)班剪纸作品评价

序号	作品名称	作者	折法	整齐度(10分)	美观度(10分)

(2)对于好的作品给予表扬，以增强学生的学习兴趣与创新意识。

(设计意图：提高学生的审美能力和评价能力。)

(五)活动总结

说说今天剪纸活动的收获与体会。

(设计意图：让学生在交流的过程中加深对剪纸的认识，掌握剪纸的基本方法与注意事项。)

(六)课外拓展

利用轴对称图形的原理，设计作品《可爱的动物》，选出优秀作品贴在班级墙报上。

小小发明家

仝丰山[①],赵晓非[②]

一、主题由来

人类文明不断进步,科技发明日新月异。为了紧跟时代发展的步伐,孩子们从小就要有较强的创新意识、发明意识。小发明、小创造活动深受广大同学喜爱,也是一项富有深远意义的科技活动项目。

根据综合实践活动课的课程性质,结合安徽大学出版社出版的《综合实践活动　五年级上册》(资源包)和学生的年龄特点,我们对“发明的技法”这一活动主题做了较大调整,打破了资源包按部就班的活动形式,从生活的角度对资源内容进行了有机整合和二度开发,确定了“小小发明家”这一活动主题。

二、学情分析

小发明、小创造活动虽然深受广大同学喜爱,但是作为五年级的小学生,有些同学认为发明活动很神秘,好像高不可攀,遥不可及,或者认为这是个别天才能做到的事,与自己无关,这些想法使活动的开展受到影响。

三、活动目标

(1)通过实践,自主确定主题。

(2)通过读书、查找资料、上网等方式,了解小发明的一些基本知识、技法,懂得如何去设计、创作小发明。

(3)在活动中学会调查、探究,并收集、处理、运用各种信息。

---

① 仝丰山,男,本科学历,砀山县实验小学高级教师。主讲课程:小学数学,小学综合实践活动。
② 赵晓非,男,本科学历,灵璧县实验小学高级教师。主讲课程:小学语文。

(4)通过活动,树立合作意识、探究意识,提高实践能力和创新能力。

四、活动准备

搜集一些有关小发明的基本知识、技法等,完成表1。

表1　课前准备任务单

活动方式	活动内容	活动记录
查	搜集有关发明方法的资料,了解其特点	
找	寻找生活中利用相关发明方法创作出的小发明,举出实例	
思	我对哪种发明方法最感兴趣?思考:这种发明方法的发明意向、思路是什么	

五、活动过程

(一)感受发明

(1)播放发明博览会视频并提示学生注意思考:视频中主要介绍了什么内容?

(发明。)

(2)发明神奇吗?你喜欢发明吗?我们本次活动和什么有关?

板书:

发明

(3)课件出示身边的有关发明的图片(见图1),加深感知。

为了解决高处水果不方便采摘的问题,果农发明了

——摘果器

为了解决洗发水流进眼睛的问题妈妈发明了

——洗头帽

图1 生活中的发明

说一说:在图1中你看到了什么?想到了什么?为什么会产生这些发明?

(因为人们遇到了需要解决的问题,产生了发明创造的动力。)

(4)发明离我们很远吗?谈谈感受。

(设计意图:让学生感受发明产生的原因,了解发明在生活中的应用,激发学生的兴趣,为本次实践活动提供引导。)

(二)确定主题

(1)拟定主题。

看到图片中的果农、给宝宝洗头的妈妈都可以成为发明家,你想成为发明家吗?你能为本次的活动拟定一个主题吗?

(预设:"我是发明家""小发明家""小小发明家"等。)

(2)选出最佳主题。

交流讨论,选出最合适的主题。

(设计意图:让学生通过观察和思考自主确定活动主题,体现出综合实践活动课让学生自主思考和自主选题的目标要求。)

(三)知识拓展

(1)读爱迪生的故事,感受发明家的品质。

课件出示爱迪生的故事,学生快速阅读。

你想成为像爱迪生那样的发明家吗?要怎么做呢?我们要学习爱迪生的哪些品质呢?

(预设:刻苦、勤奋、坚持不懈的品质;发明为人们带来好处;为人类造福……)

(2)引出发明方法。

要想成为一名真正的发明家,除了要具有像爱迪生那样的品质外,还需要什么呢?

(预设:发明的技巧与方法。)

(3)检查课前搜集资料的情况。

①汇报“查”:自由结合,将几种发明方法(增加法、减少法、模仿法、希望点列举法等)的概念、特点等说给同伴听。

②汇报“找”:举出生活中的小发明、小创造实例并简要分析。

③汇报“思”:说说用我最喜欢的发明方法进行小发明、小创造的意向和简单思路。

(设计意图:通过爱迪生的故事,适时对学生进行德育教育。温习发明方法,给学生的探究提供一些知识准备,可以说是抛砖引玉。)

(四)深入探究

(1)探究准备。

①想一想:是什么促使了发明创造?

②说一说:你平时有哪些问题可以用小发明、小创造解决?

先独立思考再合作交流,然后说给大家听。

③共同筛选4~6个典型“问题”,作为小发明设计的内容和探究的对象。

(2)自主分组。

①以“问题”作为分组依据。

②根据自己的兴趣自行选择小组。

③选出组长、记录员和汇报员。

(设计意图:让学生自己分组,可以提高他们解决问题的能力,发挥他们的自主性,同时让他们在协作中学会探究、学会合作、学会收集和整理资料,提升他们实践创新的能力。)

(3)深入探究。

自由选择一种或多种方法去设计小发明,深入交流、探究,解决自己的问题、困惑,同时做好记录,完成表2。

表2 （　　　）组小发明设计

我们的困惑		
我们的小发明说明	①发明名称：	
	②使用到的发明方法：	
	③对发明的介绍：	
我们的小发明说明相册	请画出小发明设计的简图：	

（设计意图：教师做简单的引领，更多地让学生去做，适当地巡视，给学生以肯定和简单指导。）

（五）汇报展示

选取2~3组做汇报。其他同学思考：对于这组同学的发明设计，我有什么问题或建议？

（1）小组汇报，本组成员补充。

（2）其他小组成员提出意见。

（3）小组成员修改完善报告。

各组汇报探究内容（学生互评，教师评价，其他学生给出建议，以便修改、完善），并将汇报内容贴于黑板上。

（设计意图：学生大胆汇报，展现小组的风采。学生互评，增加评价机制；教师评价，给学生以充分肯定；其他学生给出建议、评价，积极参与。）

（六）总结升华，指导实践

（1）交流活动体会、收获。

（2）评价自己在本次活动中的表现、收获等。

（3）教师赠语：

只要有一双会发现的眼睛和一个善于思考的大脑以及敢于创新的精神，刻苦、勤奋、坚持不懈，我们就能成为一名真正的发明家，为中国梦加油，为人类造福！

（设计意图：提升高度，指导实践，融入德育。）

（七）活动延伸

(1)将发明设计制作出来。

（可以请老师、家长、同学帮助。）

(2)收集更多的创造发明方法,选择一种或几种发明方法,结合自己的实际设计一种发明。

(3)结束本次活动:播放视频,引领学生深思,为中期实践活动奠定基础。

（设计意图:延伸活动,为中期实践活动做准备的同时,指导学生的实践,引导孩子培养创新思维,掌握创新方法,让学生懂得发明来源于对生活的关注和思考。）

吃零食的学问

王　影[①]

一、主题由来

随着学校的兴建，学校周围的小摊点、商店、零食小卖部也随之聚集而来。放学后，部分学生喜欢扎堆在这些地方，买一些包装简易的小零食。这些小零食会对身体健康造成危害，虽然学校采取了很多措施，学生在校内吃零食的现象大有改观，但学生在校外吃零食很难杜绝。

吃零食是一个接近学生生活，也是学生非常感兴趣的话题，能够激起他们探究的兴趣。基于此，我们选择了本课题：吃零食的学问。

二、学情分析

通过对本班级学生吃零食情况的了解，发现大部分学生缺乏辨别零食优劣的能力，也没有认识到吃劣质零食的危害，更没有形成健康饮食的习惯。

四年级学生已经具备了一定的实践能力，能在教师的指导下，设计活动方案，进行调查、统计、分析，在活动开展过程中形成自己的活动成果。

三、活动目标

(1)深入生活调查小学生的吃零食习惯，了解吃零食的危害，知道吃零食也有学问。

(2)培养学生收集、整理信息的能力及自主学习科学知识的能力。

(3)围绕问题开展研究性学习，培养学生生疑、质疑、探疑、解疑，从而再生

---

① 王影，女，本科学历，亳州市谯城区十河镇中心小学高级教师。主讲课程：小学语文，小学综合实践活动。

疑的能力,体验合作学习的快乐。

(4)对感兴趣的问题有自己独特的想法,并乐于与他人交流,敢于发表自己的见解。

四、活动准备

(1)实物准备:零食包装袋、调查表、统计表、相机、PPT、视频。

(2)学生分组。

五、活动过程

(一)谈话导入,引入主题

你喜欢吃零食吗？喜欢在哪里买零食？你能辨别劣质零食吗？今天,我们一起来探究吃零食的学问。

(二)提出研究问题,制定研究方案

(1)提出研究问题。

围绕“吃零食的学问”,提出自己想要研究的问题,然后对问题进行梳理,归纳为以下四点:

①如何从包装上辨别劣质零食?

②有哪些途径可以购买零食?

③劣质零食有哪些危害?

④怎样有节制地吃零食?

(2)制定研究方案。

学生根据自己感兴趣的问题,成立探究小组,设计研究方案(见表1),开展调查。依据不同调查途径,分为四大组:寻梦组、考察组、采访组和网络组。

表1 小组研究方案

小组名称		组长	
成员			
研究问题			
研究方法			
调查结果			
反思			

(设计意图:让学生根据兴趣分组,通过不同的方法得出调查结果,培养学生搜集信息、用多元化方法解决问题的能力。)

(三)调查研究,指导实践

(1)研究包装袋上的学问。

①为了研究包装袋上的知识,考察组学生收集不同地点购买的、不同种类的小零食的包装袋,并且在班里开展包装袋知识讨论和抢答竞赛。

②根据食品包装袋上的标志辨别劣质零食。常见食品包装袋上的标志如图1至图4所示。

图1 生产许可标志

图2 绿色食品标志

图3 国家免检产品标志

图4 安全饮品标志

③通过以上两个活动过程,总结辨别劣质零食的方法。

方法一:保质期要精确,不能写大概日期,如3~5个月;要注明储存的温度条件。

方法二:生产日期要清晰可见,更改后的通常模糊不清。

方法三:食品配料中如含有麦芽糊精、淀粉糊精、食用香料、防腐剂、甜味剂,不建议购买,这些配料对人体都有一定害处。

方法四:生产厂家要写全称,不能只写一个地名。

方法五:生产地址要详细,具体到某个乡镇或街道。

方法六:要有QS标志。

(设计意图:小小包装袋,藏有大秘密,标志与各项说明是判断零食优劣的依据。开展知识竞赛,通过有趣新颖的活动让学生将包装袋上的信息知识熟记,运用于今后生活中。)

(2)调查零食的购买途径。

通过实地调查,统计零食的购买途径,完成表2。

表2 零食正规度统计

零食名称	商场	网店	小摊小店

此项统计,让学生认识到如果要吃零食,就要尽量到正规商场购买,要注意包装袋上的信息。当然,在电商很热门的今天,从网店购买零食也是一种方便、省时的途径。但无论从哪个途径购买,选到正规、合格的零食才是最重要的。

(3)劣质零食的危害。

思考:是不是商场里的零食或正规合格的零食对身体没有害处?可以经常吃?

①劣质零食的生产过程。

播放一段黑作坊生产零食的视频。学生观看后谈谈自己的想法。

②劣质零食的危害。

为了探究零食中哪些成分对人体有害,网络组学生负责从网上搜寻一些常见零食的主要成分及其危害,填写表3。

表3 垃圾零食的主要成分及危害

零食名称	主要成分	对身体的危害

(4)谈谈如何有节制地吃零食。

(5)谈感受,升华主题。

(设计意图:颜色亮丽、外表光鲜的劣质零食究竟是怎样生产出来的,这是学生们所不曾想到的，等他们看到那些触目惊心的视频等资料后，活动的教育意义已经水到渠成。）

（四）活动延伸

（1）在全校开展吃零食调查，将活动延伸到各个班级，使全校学生自觉养成良好的饮食习惯

（2）宣传、倡议。

①以小组为单位，开展“吃零食的学问”手抄报活动。

②全班共同拟定倡议书，在学校宣传栏张贴倡议书。

走进我的家乡蚌埠

吴丽莉[①],姜兆海[②]

一、主题由来

“走进家乡”是《综合实践活动　四年级下册》“我的家乡”单元中的第一个活动。这一活动旨在让学生了解家乡各方面的情况,唤起学生对家乡、对大自然的美好情感,让学生通过独特的眼光发现家乡的美、挖掘家乡的美、表现家乡的美,用美好的心灵去体验这好山好水与人们的密切关系,用真挚的情感去赞美家乡和祖国。

二、学情分析

对于四年级的孩子来说,家乡的概念并不清晰,但四年级学生已具备了一定的利用信息技术手段自主探究问题的实践能力,能在教师的指导下,在活动具体开展的过程中形成自己的成果或作品。因此,我们以家乡风貌为切入点,设置相互关联的活动模块,让学生利用已掌握的信息技术能力,通过实践活动和情感体验,潜移默化地建立起对自己学习、生活的家乡,对家乡的山山水水,对家乡的建设者,以及对祖国的挚爱之情。

三、活动目标

(1)通过开展“走进我的家乡——蚌埠”活动,了解自己家乡的位置、行政区

---

① 吴丽莉,女,本科学历,蚌埠师范第二附属小学高级教师。主讲课程:小学信息技术,小学综合实践活动。主要研究方向:信息技术与综合实践的课程融合。

② 姜兆海,男,本科学历,凤阳县大庙镇中心小学高级教师,副校长。主讲课程:小学数学,小学综合实践活动。

划、人口数量等基本情况，了解家乡的特产及风土人情。

(2)能够运用调查、交流讨论的方法搜集并加工信息、分析信息，学习综合运用信息技术以及沟通、交流的基本技能，初步练习开展探究性学习活动。

(3)自主选择恰当的形式，展示自己小组的成果，提高自主构思、设计、组织的能力。通过成果展示和评价，获得成功的体验。

四、活动准备

多媒体课件、任务卡、实物图片、音视频资料等。

五、活动过程

(一)游戏导入，激发兴趣

抢答游戏，准备好，仔细听问题：

(1)我们生长、居住的这个城市叫什么？(蚌埠)

(2)蚌埠除了市区还有哪几个县？(怀远、五河、固镇)

(3)我一直播放的是什么音乐？(《爸爸去哪儿》)

你们想不想也来一次这样的旅行？今天我们就来一次——“我们去哪儿”，让我们一起“走进我的家乡——蚌埠”。希望同学们学得开心，玩得快乐！

(设计意图：利用抢答游戏并创设“我们去哪儿”的情境，快速调动起学生的学习热情，让学生的注意力高度集中起来。)

(二)团结合作，探究新知

任务一：选定住所，找寻目的地(见图1)。

(1)给学生进行简单分组，选定组长。

(2)请组长到老师这里领取任务卡，然后根据任务提示，找到指定住所。

图1　任务一　(选定住所课件截屏)

任务二：找寻食材，准备午餐(见图2)。

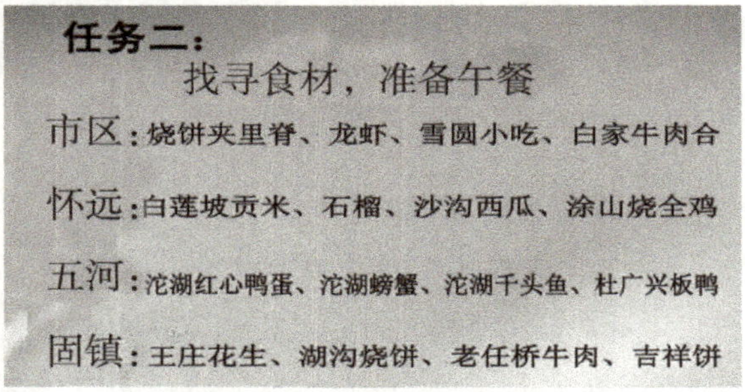

图2　任务二　(找寻食材课件截屏)

(1)每组根据任务卡提示，找到午餐需要的相应食材，并上网查阅相应食材的介绍。

(2)分组汇报展示找到的食材。

(3)简单介绍查阅的特色食品。

烧饼夹里脊："烧饼夹里脊"在蚌埠随处可见。外地有很多卖烧饼和油炸里脊的，而蚌埠人创造性地把它们结合到了一起，加上甜、辣、孜然、蚝油。

老任桥牛肉："老任桥牛肉"作为固镇的知名品牌，可谓家喻户晓，并享誉大江南北。"老任桥牛肉"有如此大的魅力，是与其制作精良、味道鲜美分不开的。"老任桥牛肉"的代表作是"清炖牛肚绷"。

怀远石榴："怀远石榴"品质名列全国各大石榴产区之首，以其艳丽的色彩、端正的果形、晶莹剔透的籽粒、甜美的风味，赢得国内外人士的好评。

沱湖螃蟹：沱湖水质优良无污染、光照充足、水草丰茂，适宜河蟹生长，是皖北最大的河蟹生产基地，年产河蟹10万千克以上。沱湖螃蟹，以其"青皮白肚，金爪褐绒"、个大膏(黄)多、味美独树一帜，闻名遐迩。

（设计意图：让孩子们上网查找自己最爱的食物并推荐给大家，是为了使孩子们的积极性得到长久保持，以利于今后综合实践活动的开展。其中，适当的鼓励和支持是不可缺少的。）

（三）拓展延伸，巩固提高

任务三：学习舞蹈。

（1）学生自由选择花鼓灯舞蹈视频自学。

（2）教师现场表演，学生观看。

（3）教师简单介绍蚌埠花鼓灯的相关知识。

享有“东方芭蕾”之美称的花鼓灯舞，是民族民间舞蹈的典范。它以“溜得起、刹得住、灵巧多变”为精髓，胜在舞姿轻盈跳跃，有时如飞翔的仙鹤，有时如受惊的游龙，有时如轻投水面的柳丝……尽展东方女子的轻巧活泼、妖俏动人，具有“细腻、端庄、优美、利落”的风格特点。

（4）师生同乐。

伴随着花鼓灯音乐，师生共同表演花鼓灯舞蹈。

（设计意图：课前先利用安徽基础教育资源应用平台自学，课上再利用教师的表演来激发学生的学习热情，使全体学生都参与进来，既充分调动了学生的积极性，又培养了学生的团队意识。）

（四）归纳总结，情感升华

（1）播放课件，让学生伴随着音乐欣赏视频介绍。

（2）教师总结介绍家乡蚌埠，让学生感受家乡美，激发对家乡的热爱之情。

蚌埠，这个总面积约5952平方千米，总人口约376万，境内山水相连、四季分明的地方就是我们的家乡。蚌埠是全国重要的综合交通枢纽，有着“皖北中心城市”“淮畔明珠”之称。我们的家乡饱含青春的活力，朝气蓬勃。未来，经过我们大家的努力，我们的家乡、我们的国家都会变得越来越富强！

（设计意图：利用微课视频来展示家乡的风景，介绍家乡的人文历史，让学生感受到家乡的风光美、人文美，激发学生对家乡的热爱之情，树立为振兴家乡而勤奋学习的远大目标。）

(五)课后实践,走进生活

(1)分组讨论,选择一个适合本组的表现形式,推荐自己的家乡。

(参考表现形式:宣传画、广告语、解说词、情境表演、建议书、剪报、手抄报等。)

(2)为家乡的旅游事业发展出几个金点子。

(3)任选一种家乡特产,为它设计一个精美的包装。

(4)任选一处家乡的名胜古迹,为它设计一句广告语。

教师提示:可以任选几题做,也可以都做;可以独立完成,也可以小组合作。

(设计意图:通过各种形式,利用各学科间融合,回归生活,让学生体会到综合实践活动与生活是密不可分的。)

生活中的交通工具

夏齐兵[①],陶跃文[②]

一、主题由来

随着经济的发达、交通的便利,私家车越来越多。交通工具的变革和发展时时刻刻影响着人们的生活,认识交通工具才能更好地选择合适的交通工具出行。

结合《综合实践活动　四年级上册》(资源包)内容和学生的年龄特点以及生活经历,我们对"生活中的交通工具"这一活动主题进行了二度开发,确定了本次活动主题。

二、学情分析

生活中有多种交通工具,四年级学生对此已经有一定认识,他们有乘坐不同交通工具的经历,甚至有独立出行的经历,但是有时候还是会遇到一些困惑:对交通工具的构成以及性能认识不足,对如何选择合适的出行方式略显迷茫,等等。

三、活动目标

(1)了解交通工具的发展历程,初步感受科技发展与进步对生活的影响。

(2)认识部分交通工具的结构和性能,提高观察能力以及发现问题和解决问题的能力。

(3)通过对不同交通工具性能和用途的比较,认识各种交通工具,能根据实

① 夏齐兵,男,专科学历,合肥市芙蓉小学二级教师。主讲课程:小学语文,小学综合实践活动。
② 陶跃文,男,本科学历,寿县刘岗镇双枣学校高级教师。主讲课程:小学语文,小学综合实践活动。

际情况正确选择交通工具,并有自己的感悟,对未来的交通设施有大胆的设想。

四、活动准备

(1)学生课前调查收集各种交通工具信息。

(2)教师准备各种交通工具模型或者图片,提供给学生观察。

五、活动过程

(一)引入话题,激发兴趣

(1)猜一猜。

(课件呈现谜题和图片,让学生直观认识交通工具。)

①远看像城墙,近看一排房,日行千里路,能载万吨粮。

②小小一间房,有墙又有窗,马路当中跑,行人走两旁。

③水面一座楼,没腿四处走,载人又送货,江海任它游。

④耳听赛雷鸣,眼看像只鹰,早晨去拉萨,晚上回北京。

(2)看一看。

①播放视频并提问:视频中出现了哪些交通工具?

②学生讲述自己的发现。

(3)查一查:你每天是通过什么交通工具到学校的?

(根据学生的回答,记录乘坐各种交通工具的数据,填写表1。)

表1 乘坐的交通工具调查

名称	自行车	公交车	小汽车	电瓶车	人力三轮车	电动三轮车	机动三轮车
人数							

①分析:使用最多的交通工具是什么?使用最少的交通工具是什么?

②你们为什么要使用这些交通工具?

板书:

方便、快捷、舒适

(4)总结:自行车、摩托车、电动车、公共汽车等都是交通工具,它们为我们生活提供了方便。今天的活动主题就是认识“生活中的交通工具”。

板书:

生活中的交通工具

（设计意图：让学生在实际生活中初步感受到交通工具的存在给生活带来的便利。）

（二）合作探究

1. 交通工具变迁记

（1）课前，学生查阅有关交通工具变化的资料，完成任务单一（见表2）。

表2 任务单一

研究课题	交通工具变迁记
查找资料的方法	
分类与标准	
变革历史 （可以提供图片、影像等资料）	
研究结论 （交通工具与人类生活的关系）	

提示：

①你是通过什么方法查找资料的？交通工具经历了怎样的变化？

②你能根据自己的理解对交通工具进行分类吗？分类标准是什么？

③通过查阅资料，你认为交通工具和人类生活有怎样的联系？

（2）同学之间相互交流，进一步完善任务单；教师巡视指导，适时给予学生帮助。

（3）班级随机展示任务单，汇报交流。

总结：同学们通过自己的努力，了解到交通工具的变迁其实是社会发展进步的缩影，不管科技如何发展进步，交通工具怎样变革，在任何时期交通工具都对人们的生活产生了重要影响。

（设计意图：学生通过查阅资料，获取有效信息，对交通工具有了进一步的认识，并且感受到交通工具的变革给人们带来的影响，初步认识到科技为人类服务。）

2. 交通工具百事通

(1)实地参观,揭秘真相。

①课前,同学们根据研究对象的不同分组并确定课题,聘请指导教师或者家长,做好分工。

建议:分为自行车组、小汽车组、飞机组、火车组、轮船组等。

②参观过程中,学生通过实地参观实物、采访工作人员等方式,获取相关信息,做好资料的整理与记录,完成任务单二(见表3)。

表3 任务单二

研究课题	
小组成员与具体分工	
指导教师、家长	
参观场所或具体地点	
考察采访内容	每天需要维修多少车辆?
	哪些零部件易损?这些易损件主要起什么作用?
	举例说说某种交通工具的两种核心零件是什么?有什么作用?
	这种交通工具主要工作原理是什么?
	这种交通工具的主要优势和不足分别有哪些?

要求:建议同学们根据①的分组,参观自行车修理铺、汽车维修厂或4S店、机场、火车站、港口等地,与工作人员、维修师傅、驾驶员、销售员等做深入交流。

(2)全班交流:

①各组代表依次在班级展示所完成的任务单,其他组员适时补充;其他小组就该组的发言给予评价,提出质疑等;教师积极应对展示过程中有可能出现的各种突发情况。

②小结:同学们通过自己的聪明才智解决了一个又一个难题,听到了同学们的发言,大家对交通工具的基本结构和性能有了深刻的认识,并且通过此次研究发现了每种交通工具的优势与不足,为交通工具更好地服务于生活提供了帮助。

(设计意图:学生通过自己实践,参与活动过程,在实地参观、对比研究中深刻地认识交通工具,有利于合理选择出行工具。)

(3)质疑提升:如何选择合适的交通工具出行?

①课件呈现情景。

情景一:老师暑假想到上海去旅游,应该选择什么样的交通工具?请说出你的建议与理由。

情景二:北方的一位农民,想和同乡一起去赶集,但是去集市的道路颠簸,应该选择什么交通工具?

情景三:老师在这秋高气爽的日子里,想到三峡旅游,乘坐什么交通工具最佳?

情景四:你们上学时乘坐什么交通工具?

②学生根据实际情况做出合理选择并简单说明理由。

教师根据学生的回答情况,做出适当的补充与说明。

③小结:根据具体的情况选择不同的交通工具。

(设计意图:根据交通工具的性能及优缺点,结合出行的需要,做出正确的选择,使交通工具更好地发挥作用。)

(三)活动拓展:交通工具展望

(1)科技在进步,社会在发展,身边的交通工具未来会是什么样的呢?请同学们以小组为单位设计未来的交通工具。

(2)各组通过讨论、构思等过程,设计新型交通工具。

(3)小组代表结合图画为大家介绍作品。

(设计意图:学生在设计过程中,感受科技发展进步的重要性,交通科技发展会让人们的生活变得更便利。)

讲究礼仪

徐　芳[①]，邵天中[②]

一、主题由来

中国自古以来就以"礼仪之邦"著称，礼仪是一个人内在高尚品质和外在良好行为的表现。从小养成宽容、谦让、诚实的品质和谈吐文明、庄重大方、热情友好、礼貌待人的文明行为，会赢得别人的尊重和信任，也能获得更多成功的机会。学生虽从小接受德育教育，但是生活中常常发生见到家人忽略基本礼仪，遇到陌生人不懂如何正确使用社交礼仪等情况。本次活动让学生感受礼仪在人际交往中的重要性，探索不同情境下与人交往的礼仪知识。

二、学情分析

五年级学生在日常学习生活中，通过耳濡目染虽已初步了解社交中的各种礼仪行为，但对不同人群在不同情境下使用礼仪的差别和意义并不清楚，对人际交往中礼仪文化的知识知之甚少。

三、活动目标

(1)发现人际交往中处处充满礼仪。

(2)通过表演生活情景剧感受人际交往中礼仪的重要性。

(3)能在发现、探索、准备和表演过程中对遇到的困难采取适当的解决方法。

---

① 徐芳，女，本科学历，铜陵市新塘小学一级教师。主讲课程：小学语文，小学综合实践活动。

② 邵天中，男，本科学历，涡阳县城关学区中心学校一级教师。主讲课程：小学数学，小学综合实践活动。

(4)探索各种人际交往礼仪的知识。

四、活动准备

(1)生活中与人交往的礼仪图片、视频。

(2)整理与人交往的礼仪方面的资料，制作课件。

五、活动方法

角色扮演、资料查找、讨论交流、同伴互助。

六、活动过程

(一)准备阶段

1. 发现问题

(1)发现：观看与人交往的图片、视频，对比正确的礼仪行为和不正确的礼仪行为。

(2)讨论：在图片和视频的情景中你们看出了哪些礼仪？发现了哪些问题？

(3)分析：对于人际交往中礼仪的选择和使用，你还知道哪些知识？有哪些想了解的问题？引导学生从语言、行为、态度等方面概括。

(设计意图：初步培养学生的观察、思考、质疑能力，明确自己的所知和问题。)

2. 明确要求

(1)经过讨论分析，发现与人交往的礼仪发生在生活中的不同情境中。

(2)小结：以“与人交往中的礼仪”为主题表演情景剧，展现我们生活中常遇到的情境或问题。

(设计意图：通过自由讨论确定要表演的情景剧，培养学生的自主探究能力。)

3. 规划设计

(1)讨论：将与人交往中出现的情境分类，学生分组决定自己的研究对象(可根据讨论情况添加分组)。

分成四个小组：同学交往礼仪组、与长辈交往礼仪组、师生交往礼仪组、与陌生人交往礼仪组。

(2)思考:演好情景剧的要点。

①寻找生活中与人交往需要注意的礼仪行为。

(可以是正面文明行为,也可以是反面不文明行为。)

②不同情境下,与不同人群交往的礼仪差别。

③从这些与人交往的礼仪中,我们学到了什么?

(3)交流:小组交流查找情景剧资料的途径(比如网络、书籍、询问、观察等),并讨论小组成员的角色分工和排剧事项的合作。

(4)发放任务分配表(见表1),小组讨论决定自己的任务。

表1 任务分配

研究主题			
组长		小组成员	
礼仪研究主题			
调查途径			
研究所得			
情景剧名称			
演员			
剧情梗概 (可以附小剧本)			
准备过程中的 问题及解决方法			

(设计意图:让学生明确自己的任务和要点,明白分工合作的重要性,学会利用任务分配表做好表演前的准备,并在准备前再次明确自己所设情景剧要表达的意义。)

4. 课后延伸

(1)分组完成小剧本。

(2)查找资料,填写任务分配表。

(3)学生按照剧本排练,做好表演准备。

(4)教师收集学生的小剧本和任务分配表,了解学生准备情况和遇到的困难。

(设计意图:时刻明晰学生的准备情况,并在学生准备过程中及时帮助他们解决难题,培养学生团结协作、共同解决问题的能力。)

（二）实施阶段：我们来表演

1. 说说背景

表演者说说自己所表演的故事的发生背景。

（设计意图：让学生在观看前充分了解这类与人交往礼仪出现的情境，培养学生的表达概括能力。）

2. 正式开演

（1）学生分组开始表演。

（2）提醒其他学生用心观看，将印象深刻或有疑问的地方记录下来。

（3）教师关注表演过程中的突发问题，并及时处理。

（4）教师观看时用相机记录下精彩的表演画面。

（设计意图：通过分组表演，培养学生的观察、思考、表现能力；通过记录，培养学生留心生活、及时记录的良好习惯。）

3. 观众点评

（1）表演结束后，观众说说自己看出了哪些问题。

（2）引导学生说出与不同人群交往时应注意的事项。

（如：语言，行为，平时是否注意，不同场合下的差别，等等。）

（3）表演组和观众互动：观众点评哪些同学的表演让人印象深刻，演员说出自己的看法。

（设计意图：通过观众点评和互动，培养学生发现问题、提出问题的能力，以及通过学生之间的互相肯定，提高学生学习和参与集体活动的积极性。）

4. 交流体会

（1）说一说自己在准备和表演过程中遇到的困难和解决方法。

（2）谈一谈自己这次表演情景剧的收获，如知识的获得、方法的选择、合作的重要性等。

（设计意图：让学生通过自我总结，感受合作解决问题的快乐，加深学生对礼仪文化的了解，并产生继续研究的兴趣。）

5. 课后延伸

（1）学生设计一张礼仪卡片，写出一段关于自己参与这次表演活动的体会。

（2）在本年级展示贴满礼仪卡片的收获树。

（设计意图：记录美好，典藏回忆，将收获留在学生身边，鼓励学生继续探索。）

多彩的节日

徐　晖[1]

一、主题由来

“多彩的节日”是《综合实践活动　四年级下册》第三单元的一个主题。它包括“节日知多少”“节日文化”“欢度节日”三个二级主题，主要介绍世界各地欢度节日的场面、我国三大传统节日的渊源及相关的习俗等知识。

本次活动根据综合实践活动课程目标要求，结合学生已有的知识基础和生活联系，引导学生对各国节日习俗以及我国传统文化进行探究。

二、学情分析

四年级学生对节日既陌生又熟悉。他们熟悉的是人们对节日的庆祝形式，但对节日的内容知之甚少，特别是在“洋节”漫天飞的当今，他们对我国传统节日所包含的民族情结已日渐生疏。通过此次活动，引导学生了解我国传统节日，弘扬传统文化，进行潜移默化的爱国主义教育。

三、活动目标

(1)了解我国节日的渊源以及相关的习俗知识，了解国外常见的节日习俗。

(2)对感兴趣的节日进行自主探究，养成主动学习和探究的习惯。

(3)学会与人合作、交流、沟通和分享成果。

(4)通过了解我国传统节日的风俗、习惯等知识，激发学生对我国传统文化的热爱。

---

① 徐晖，男，专科学历，涡阳县城关第五小学一级教师，教务副主任。主要工作：学校教务，兼任小学综合实践活动课教师。

四、活动准备

(1)理解节日的含义。

(2)查找、整理资料,制作课件。

(3)设计活动表格。

五、活动过程

(一)主题形成阶段

(1)激趣导入:同学们,老师今天给大家带来了一份珍贵的礼物,你们想知道是什么吗?

(2)播放课件:有关中秋节、端午节、春节、圣诞节、儿童节、国庆节等的视频和图片。

(3)点名回答:用一句话概括这些画面的内容,并说说你的心情。

(4)教师总结:同学们真聪明,看一遍就能把这么多画面用一句话概括出来,就像刚才几位同学说的,这些场面非常热闹,真是多彩的节日啊!是的,“多彩的节日”,这就是我们这次活动的主题。

板书:

多彩的节日

(设计意图:通过富有童趣的语言,生动、有趣、热闹的画面,设置悬念,创设情境,引导学生产生兴趣和好奇。学生一边观看视频和图片,一边思考,引出主题。)

(5)了解节日的含义。

①什么叫节日?

(小组、前后桌讨论。)

②学生自由回答。

③教师总结:节日,指某种有特定意义的日子,一般为纪念日或庆祝日。节日有特定的文化内涵,是一个民族的文化象征。它积淀着民族的信仰、伦理、情感等诸多因素,是一个族群传承文化、交流感情、凝聚人心的主要方式。

④小组讨论:说说你知道哪些节日。

⑤教师小结:同学们对节日很感兴趣,为了更好地了解并掌握有关节日的

习俗,愉快地欢度节日,让我们对节日来个探索之旅吧!

(6)布置活动任务:发放“多彩的节日”主题活动(一)表(见表1)。

表1 “多彩的节日”主题活动(一)

<table>
<tr><th>二级主题</th><th>分类</th><th colspan="2">节日名称</th><th>活动内容</th></tr>
<tr><td rowspan="7">节日知多少</td><td rowspan="3">中国的节日</td><td>传统佳节</td><td></td><td rowspan="3">至少探索一个传统节日的来历或习俗</td></tr>
<tr><td>纪念日</td><td></td></tr>
<tr><td>少数民族节日</td><td></td></tr>
<tr><td>国外的节日</td><td colspan="3"></td></tr>
<tr><td>家乡传统节日</td><td colspan="2"></td><td>选择家乡的一个传统节日,说说它的习俗</td></tr>
<tr><td>最喜欢的节日</td><td colspan="3"></td></tr>
<tr><td>参加过的节日活动</td><td colspan="3"></td></tr>
</table>

(设计意图:本课时活动是形成主题的指导课。教师利用生动的问题情境,激发学生对节日文化的兴趣,调动学生探索的积极性。运用翻转课堂理念,教师指导并提出问题,让学生自主探究,下次活动再引导学生合作探究。)

(二)主题实施阶段

(1)活动导入:同学们,上次活动我们已初步了解了有关节日的基本知识。大家通过各自的搜索、调查等方式收集整理了相关资料,下面,我们来进行交流、补充。

(设计意图:指导学生搜索资料、开展调查活动,培养学生自主探究、收集整理信息的能力。)

(2)个人汇报(若干名):

汇报的主题:中国的传统节日,国外的节日,我国少数民族的节日,家乡的传统节日,最喜欢的节日,参加过的节日活动,节日的来历。

(3)自由交流、补充:

学生自评,生生互评,教师评价、小结。

(4)根据兴趣分组:

端午节组,中秋节组,春节组,其他组。

(5)布置下次活动任务,发放“多彩的节日”主题活动(二)表(见表2)。

表2 “多彩的节日”主题活动(二)

二级主题	节日		活动内容				
节日文化	名称	日期	来历	庆祝形式	饮食	衣着	感想
	端午节						
	中秋节						
	春节						
	其他节日						
	比较春节和圣诞节的异同						
	备注	①收集节日的祝福语和喜欢的春联。 ②记一次亲身经历的节日活动(可以拍照片、写日记、录视频)。					

要求:

①各兴趣组按要求完成表格任务。

②遇到困难要利用资源或相互合作完成。

(设计意图:通过学生的课外自主探究,发展他们与人、与社会沟通的能力,让他们意识到社会资源是学习资源的重要组成部分;锤炼他们多渠道收集、整理、分析信息的能力,特别是部分学生自动组合成立小组,体会到与人合作学习的重要性。)

(三)交流汇报阶段

(1)小组汇报:各个小组对自己探究的节日文化进行汇报,用图片、文字等方式展示探究成果。

(2)小组交流:各小组成员就小组汇报的内容进行提问,提出意见和建议。

(3)交流节日祝福语。

(4)讲述亲身经历的节日活动。

(5)比较春节和圣诞节的区别。

(6)关于这次活动主题交流看法。

(7)教师小结。

(8)布置下次活动任务,发放“多彩的节日”主题活动(三)表(见表3)。

表3 “多彩的节日”主题活动(三)

二级主题	活动内容
欢度节日	①办一期手抄报。 主题:我国的传统节日。 ②举办一次班级讨论会。 主题:如何正确认识和处理春节压岁钱。 ③画一幅自己喜欢的节日活动图。 ④创作一张节日贺卡,写上祝福语。 ⑤收集整理春联。 ⑥谈一谈对本次主题活动的感受。
备注	有条件的话可以演一演感兴趣的节日庆祝形式。

(设计意图:交流和汇报发挥了学生特长,体现了合作的意义,展示了他们对知识的综合运用能力,让他们了解并掌握我国传统节日的内涵。通过春节和圣诞节的比较,提高他们的语言表达能力,增强他们对我国传统文化的热爱之情。在交流中分享了别人的成果,增长了知识,获得了乐趣。)

(四)活动延伸

(1)手抄报展示:交流分享我国传统节日知识,选出优秀的作品张贴在专栏里。

(2)展示交流自己制作的节日贺卡、节日图画以及收集的春联。

①评一评谁的贺卡祝福语写得感人。

②评一评谁的画更能表达主题。

③评一评谁的春联更有新意。

(3)举办讨论会。

①主题:正确认识和处理春节压岁钱。

②要求:征求家长的建议,结合自己的想法发表意见。

(4)自由讨论:对本次主题活动的意见和建议。

(设计意图:综合实践活动课程具有鲜明的开放性、综合性和实践性。通过本次主题活动,学生在教师的引导下,自主合作探究,对社会、生活、自我有了深刻的认识,也了解并掌握了有关节日的渊源、习俗等知识。学生通过查找、调查等方式,收集整理资料和信息,然后开展写一写、画一画、讲一讲、说一说、辩一辩、做一做等活动,激发兴趣,提高能力,拓展知识,分享成果,展示自我,学会自主交流和合作。本次活动激发了他们对我国传统文化的热爱,让他们形成了良好的生活习惯,培养了他们的社会责任感。)

交通安全牢记于心

徐曼丽[①]

一、主题由来

本主题是对《综合实践活动　五年级下册》“交通安全”这一主题的二度开发。综合实践活动课程是基于学生的直接经验，体现经验与生活对学生发展的综合性、经验性、实践性价值的课程。这学期我们班有位同学在上学的路上不小心摔断了腿，既承受了身体的疼痛，也耽误了不少功课。这件事对其他同学影响很大，并引发了他们的热议以及对交通安全问题的关注。借此机会，我引导学生经过讨论确定了“交通安全牢记于心”这个主题。

二、活动目标

(1)通过搜集资料、绘制安全小报、调查违反交通规则的现象等多种途径，了解交通安全知识，加强对交通安全的认识。

(2)通过查阅资料和实地调查采访，明确遵守交通法规的重要性，掌握一些基本的调查和采访方法，激发一定的合作意识，发展动手、动脑能力，协作能力和表达能力。

(3)通过参与此次实践活动，懂得爱自己，学会爱他人，从而善待每一个生命。

三、活动准备

教师指导学生进行实地调查，搜集有关酒驾的视频资料，制作课件，排演节

① 徐曼丽，女，本科学历，阜阳市实验小学一级教师。主讲课程：小学数学，小学综合实践活动。主要研究方向：数学与综合实践活动的课程融合。

目,绘制手抄报,等等。

四、活动阶段

第一阶段(1周):选定主题,综合考虑,将学生们分成不同小组。

第二阶段(2周):学生们分组活动,搜集交通安全方面的资料,并整理归纳,制作展示课件,自编自演紧扣交通安全主题的相关节目,绘制交通安全手抄报。

第三阶段(1周):播放酒驾酿祸的视频,表演木偶剧、幽默小品、快板,演示并讲解课件材料,展示书法作品和交通安全手抄报等,利用多种形式汇报所了解到的安全知识。

五、活动过程

(一)活动准备阶段

1. 确定主题

师生探讨班级发生的真实案例,由此确定主题。

上课了,老师走进教室,发现有一个空位子,便问今天谁缺席了,什么原因。班长说,有位同学的爸爸在骑电动车送她上学的路上,因为闯红灯发生了交通事故,导致这位同学的腿摔断了。这时,学生们议论纷纷,教室里像炸开了锅,同学们有的担心她的腿摔得严不严重,有的担心她的功课怎么办,还有的说她爸爸怎么不遵守交通规则呢。接着,学生提出了很多与交通安全有关的话题。经过一番讨论,老师引导学生将问题转化成活动的主题,最终确定了“交通安全牢记于心”这个主题。

2. 成立活动小组

在老师的指导协调下,学生根据自己的兴趣、特长及活动需要分成了四个活动小组,并填写研究方案(见表1),完成计划。

表1 研究方案

小组名称	
组长	
研究者	
指导老师	

续表

研究方法	
准备材料	
研究过程	

(1)原因分析组:分析交通事故发生的原因。

(2)酒驾研究组:搜集酒驾案例并分析其危害。

(3)事故减免组:总结如何减少或避免交通事故的发生。

(4)交通法规组:解说常用的交通安全法律、法规知识。

在这个阶段,教师侧重于策略上的指导,如各小组研究什么内容,采取何种方式方法,各组成员具体如何分工,等等。接下来,就是各小组自己来制订计划。教师引导各小组之间、各成员之间发挥团队精神,既有分工,又有合作,互相交流,互提建议,一起把计划设计得更加可行、完善。

(设计意图:综合实践活动有很多生成性的内容,在活动开展的过程中,会产生一些没有预设到的问题,生成一些新的目标,因此,教师既要面向全体学生上好方法指导课,也要根据生成的新问题进行一对一的帮助。因为本次综合实践活动是有关交通安全方面的内容,所以特别强调各个小组在开展活动时都要把交通安全放在第一位,同时跟一些家长沟通好,让他们负责学生在活动中的安全,并跟交警大队联系,请他们协助开展调查活动。)

(二)活动实施阶段

1. 原因分析组方面

本组成员调查搜集到违反交通规则的图片及文字资料后,在教师指导下进行整理,分析交通事故发生的一系列原因。本组用表演木偶剧《红黄组合》的方式展示交通事故发生的原因。整个排演都由学生合作完成,包括编写剧本、编排木偶动作、练习配音、设计舞台等,教师在学生需要的时候给予帮助。

2. 酒驾研究组方面

刚开始孩子们收集了许多关于什么是酒驾、酒驾后的处罚办法等信息,后来在教师的鼓励下,他们尝试搜集了一些有关酒驾酿祸的视频资料展示给大家看,通过场景再现起到了强烈的警示作用。

3. 事故减免组方面

本组学生搜集资料和实地观察后，不知道用什么方式向大家展示这些材料。教师及时指导，建议学生使用绘制手抄报、编排小品等形式。学生们立马行动起来，在尝试的同时他们也有自己的创新。

4. 交通法规组方面

本组学生研究的内容对于他们来说相对枯燥，不太理解。刚开始，他们只是去查找一些常用的交通法规资料并制作了一些资料卡，没有深入理解其含义。教师引导他们试着去讲解这些交通法规的含义，并自编顺口溜，用说唱快板、展示书法作品等形式展示自己的成果。孩子们都很兴奋，在整个活动过程中热情高涨，积极性很高。

（三）活动展示阶段

本次汇报展示采用主题班会的形式进行，汇报展示过程如下：

(1)主持人讲话。

(2)成果汇报展示。

原因分析组：学生们自编自演木偶剧《红黄组合》，展示了有关交通常识，丰富了同学们的交通安全知识。

酒驾研究组：学生们精选了几个酒驾酿祸视频，自己学习视频的剪辑合成，然后把作品展示给大家看。他们还倡议全班同学一起劝说身边的大人“饮酒不驾车，驾车不饮酒”。

事故减免组：展示了他们精心编排的幽默小品《选交通管理员》和幻灯片，使其他同学了解到更多的减少交通事故的办法。

交通法规组：用幻灯片汇报搜集到的常用交通安全法规，用快板的形式向大家讲述了交通安全顺口溜，最后还展示了他们的书法作品和交通安全手抄报。

(3)宣读《珍爱生命安全倡议书》。

(4)齐唱学生新编的歌曲《祝你平安》。

（设计意图：汇报展示阶段，学生用他们喜欢的方式把他们的研究成果展示给大家，很有成就感。在分组展示的过程中，学生互相交流，共享自己研究的丰硕成果，他们的交通安全意识自然而然地得到增强。）

(四)活动评价阶段

展示阶段结束后,教师组织学生对本次活动进行评价总结。

(1)学生填写自评情况表(见表2),进行自我评价。

表2 自评情况

评价项目	涂上相应的星号
积极参加活动的全过程,喜欢这个活动	☆☆☆☆☆
完成的调查表符合情况,数据真实合理	☆☆☆☆☆
在遇到困难时,能向他人请教	☆☆☆☆☆
在活动中,与他人合作愉快,取得成绩	☆☆☆☆☆
认真动脑筋进行设计,喜欢自己的设计	☆☆☆☆☆
文字报告语言通顺、有理有据	☆☆☆☆☆
在活动中体会到了快乐	☆☆☆☆☆

(2)学生进行互评。

(3)教师进行评价总结。

(设计意图:这种评价注重学生参与活动的过程与情感,肯定学生参与活动的多元方式,重在培养学生关注社会的兴趣,使学生充分认识自己和公平评价他人。)

培训体会篇

综合实践活动是以“亲近与探索自然，关注社会生活，感受自我成长”为轴线开展的实践性活动课程，顺应了新课程改革发展要求。为期两年的安徽省中小学综合改革项目培训就是在这样的背景下开展的一项具有深远意义的学科专业培训。

来自我省各个地市的学科骨干教师，通过两年的培训对综合实践活动课程的基本理念和课程发展情况有了更加深入的理解。培训中，大家利用专家讲座、一线骨干名师授课等多种形式进行学习，不断提升自己的专业化素养，并开始践行综合实践活动课程教学。

培训体会篇，汇集了“国培班”学员在综合实践活动课程一线教学中的真实体会和感知。课程理解深度和广度的提升让老师们站得更高、看得更远；实践教学中教学方式和学生学习方式的转变让课堂变得如此神奇，学生开始喜欢这门课程，老师开始爱上这门课程。一句发自肺腑的言语、一首小诗都可以看出综合实践活动魅力无限，让学生和老师的心更近了。相信通过“国培班”老师点燃的星星之火必将带动我省综合实践活动课程发展的燎原之势。

在“实践”中成长

代慧慧[①]

“综合实践活动，是一本读不完的书，需要我们不断学习；是一段说不完的话，需要我们一起分享；是一道解不完的题，需要我们共同探究；是一件做不完的事，需要每个人的行动。”

——题记

偶然相见——洗礼

一次偶然的机会，我有幸参加了为期两年的“国培计划(2014)”——安徽省中小学综合改革项目(小学综合实践活动)培训，在各位专家学者的理论教育下，我慢慢地由“门外汉”变成了一个叩开综合实践活动大门的求知者、探究者、追求者和痴迷者。

投入实践——探索

经过培训，我有了些许顿悟：“突出主体、回归生活、注重实践”是综合实践活动课程的基本理念。于是，我开始从生活的点点滴滴中，一步一步踏踏实实地做。

我设计了一次以“认识洋槐花”为主题的综合实践活动。第一次尝试，我有些担心，但孩子们开心快乐的笑容给了我信心，让我特别感动。在这次活动中，我以引导者的角色放手让学生去生活中观察洋槐花。当看到孩子们的成果汇报时，我惊讶极了：洋槐花在“小品演员”的表演中诠释了一个深刻的实现人生价值的故事，在“小画家”手里变成了一幅幅美丽的图画，在“小作家”笔下成了一首首百读不厌的诗歌，在“小舞蹈家”身体上展示了他们独特、柔美的姿

① 代慧慧，女，本科学历，临泉县张新镇中心学校一级教师。主讲课程：小学语文，小学综合实践活动。主要研究方向：综合实践活动对农村学生创新能力的培养。

势……

后来,我让孩子们谈谈自己在活动中遇到的困难和收获。他们一个个都特别开心,积极发言,谈到了“礼貌”“合作”“尊重”“理想”“沟通艺术”“人生价值”……有了亲身体验,孩子们的语言表达能力增强了,思想也上升到了一个全新的高度。“没有经过洋槐树主人同意就采摘洋槐花,遭到了主人的训斥,我以后要学会有礼貌地与他人沟通。”“洋槐花是有生命的,我们应该尊重它。”“以后我要努力学习,不让家人操心了,因为连小小的洋槐花都能实现自己的价值,我为什么就不能呢?我以后再也不捣蛋了,我要为了我的梦想拼搏。”……

从孩子们的体会中,我感受到了他们积极、乐观、向上的情感体验,体会到了他们的创新思维和实现人生价值的决心,更欣喜于他们合作、探究和反思的精神。四年级的孩子叛逆,不懂事,平时我苦口婆心地劝说,可是效果不好,但在这次“认识洋槐花”的综合实践活动中,孩子们走出课堂、走向生活、走进大自然,学到了课堂上学不到的东西。

勇往直前——追求

活动结束后,我被孩子们积极主动的学习态度深深打动。我知道孩子们已经爱上了综合实践活动,并且已经记在了心里。有了这次幸福的尝试,在以后的道路上,我会更加努力,积极探索,勤于实践,让自己和孩子们共同成长。

著名教育家杜威先生从批判传统教育的“从听中学”出发,提出了“从做中学”,也就是“从活动中学”“从经验中学”。学生能从真正有意义、感兴趣的活动中进行学习,有助于他们的成长和发展。开展综合实践活动课程,有助于弥补传统教育的弊端,也有助于素质教育的实施。“路漫漫其修远兮,吾将上下而求索”,在综合实践活动这条路上,虽然刚迈出了“万里长征”的第一步,但我已经下定决心,不怕困难,勇往直前!所以,教育界的同仁们,为了孩子们能够更好、更全面地健康成长,让我们一起努力,开展综合实践活动,真正做到突出主体、回归生活、注重实践,真正让孩子们实现在学中玩、在玩中学、在实践中成长!

为综合实践活动课喝彩

龚家丽[①]

起初校长通知我来参加“国培计划(2014)”——安徽省中小学综合改革项目(小学综合实践活动)培训班时,我内心充满了排斥:当了20年的语文教师,我一直教得不错,派我来学习这么陌生、这么“偏”的一门“副课”,是想让我改行?还是“退居二线”?

带着情绪我来到阜阳师范学院,认识了和蔼可亲的班主任老师,刻苦上进、正能量满满的同学们,还有或睿智风趣、或雷厉风行、或儒雅谦和的教授们。他们为我打开一扇神奇的智慧大门,让我领略了从来没有想、从来不敢想的另一片教育天空:它自主开放,以人为本,无限延伸我们的课堂;它让学习变成一件有趣的事情;它满足我们对教育更高层次、更理想化的追求。渐渐地,我为自己最初的排斥和不满感到惭愧起来。原来,“综合实践活动”是这么有意思、这么有意义的一门课程。

综合实践活动课是一门非常“百搭”的课,它可以与各科教学有机结合起来,将学科知识在综合实践活动中综合、延伸与提升。以语文综合实践活动为例,综合实践活动课的理念对教师的语文教学,学生的语文能力、语文素养的培养和提高都有很大的促进作用。作为一名参加了综合实践活动课培训的语文教师,我带着二年级的小学生上了一节“抓老鼠”的语文活动课。我告诉他们生活中的错别字就像人人喊打的小老鼠,今天的任务就是一起去抓这些“过街老鼠”。孩子们兴趣盎然地分成了不同的小组,在家长志愿者的带领下走出课堂,街头、办公室、家里都成了他们的学习地点,商铺的宣传单、商店门口的小广告、节日的小标语都成了他们的学习内容。他们团结协作,抓到了很多“老鼠”。后

① 龚家丽,女,本科学历,明光市逸夫小学高级教师。主讲课程:小学语文,小学综合实践活动。

来,意犹未尽的孩子们竟然主动要求办一期黑板报,既展示自己的劳动成果,又能让大家牢牢记住这些“坏老鼠”。说实话,教了这么多年课,听孩子们说得最多的是“老师布置的作业是什么”“老师要我们干什么”,从来没见过有谁把“要我学”这么淋漓尽致地转变成“我要学”。如果不是遵循了综合实践活动课的基本理念,不是遵循了学生内心的需要、动机和兴趣,突出了学生的主体地位,又怎能充分发挥孩子们的积极性和主动性呢?

作为一名其他学科的教师,学科观念早已根深蒂固。“国培”之后才发现,跟学生生活结合得更加密切的是综合实践活动课,它才是真正地面向学生完整的生活世界,反映日常生活的方方面面。节日到了,可以开展相关的实践活动;季节变了,可以出去走走看看;生活中的一针一线,都可以成为实践活动课的活动内容。孩子们在学中做、在做中思,激发了好奇心和探究欲,不知不觉地开阔了眼界,增长了学识,既培养了问题意识,又在实践中提高了搜集和处理资料的能力以及动手能力。最难能可贵的是,作为独生子女的他们在一系列的活动中加强了合作意识,具备了现代人必须拥有的团队精神,这是多么有价值的一门课程啊。

这一轮培训下来,我最大的体会是综合实践活动课是最能体现新课程改革精神的一门课程,也是最能培养学生创新意识和实践能力的一门课程,它的实践性、自主性、开放性和生成性等学科特点对于孩子的成长有着其他学科无法比拟的优势。现在我很庆幸学校把这次培训机会给了我,无论从教育教学理念还是自身的教学实践上,对我来说都是一次不小的质的提升。

“路漫漫其修远兮,吾将上下而求索”,虽然综合实践活动课目前的实施情况还不容乐观,走下去也会有各种各样的问题需要面对和解决,但是我坚信随着现代化社会对新型人才的需要,综合实践活动课必将越来越被认可,在教育主管部门的正确引领下必将发展得越来越好。

茫然而来，愉悦而归

郝朝颖①

2015年3月，我参加了安徽省教育厅组织实施的"国培计划(2014)"——安徽省中小学综合改革项目(小学综合实践活动)为期两年的第一次集中培训，认真聆听了邹开煌教授的报告和沈旎专家的讲座，接触到了新的教育理念和教学理论。同年10月第二次集中培训时，我观摩了安徽省首届综合实践活动优质课评选的全过程，与同学们一起座谈、交流，进而领悟了综合实践活动实施的过程与方法。培训紧张有序而又充实，使我受益匪浅，感受颇多。

通过学习，我对综合实践活动这门课程有了新的认识，知道了它是义务教育阶段3—9年级学生的一门必修课程，和语文、数学一样，占有同等重要的地位，它基于学生的直接经验，密切联系学生的自身生活和社会生活，注重学生的实践过程和能力的发展。因此，综合实践活动课程的实施为提高国民素质打下了坚实的基础，这也让我对这门课程产生了美好的憧憬。

刚接手综合实践活动课时，我很茫然，也很无助，感觉无从下手。通过培训，我懂得了综合实践活动的实施主要是引导学生在生活中实践，在实践中学习；倡导学生主动学习、乐于探究；帮助学生体验问题探究与解决的过程和方法。于是，我开始在教学中不断摸索和尝试，发现无论活动开展得成功与否，学生参与活动的热情都分外高涨，这是以往数学课上很少见到的，令我对综合实践活动课程产生了浓厚的兴趣。

不断地学习与尝试不仅提高了自信心，还让我深深地体会到小组合作学习是综合实践活动课程最基本、最主要的教学组织形式，分组有效指导是综合实践活动课中合作学习有效实施的基础，也是实现课程价值的基本保证。松散、

① 郝朝颖，女，本科学历，濉溪县城关中心学校第七小学高级教师。主讲课程：小学数学，小学综合实践活动。

无序、缺乏基本规范的教师指导容易使学生的实践学习过程处于盲目、无知、无序的自发状态。因此,我们要不断探索、完善综合实践活动课的小组活动,提高小组活动每个环节的教师指导策略,只有通过这些方法,教师的指导才是有效的、有意义的。那么,在活动过程中教师到底该做什么呢?在"合理消费"这节综合实践活动课中,分组前,我对分组要求进行了细致说明。利用幻灯片展示分组制订"午餐计划"之前的一些提醒和建议,对"午餐计划"中的对象、人员分工、活动过程中以及分组合作中每个人的文明举止都进行了规范。考虑到小组组长的管理与示范作用是很大的,为了让组长能履行自己的职责,我明确了三点要求:组织组员切实参与;做好分工;管理好组员,让每个人都参与进来。组员的合理分工,可以使每位学生明确自己在活动中的具体任务,有利于整组活动的顺利开展,同时让他们产生强烈的责任心和自豪感,积极地参与小组活动,和同伴进行交流与合作,进而培养他们的团队意识和奉献精神。一开始上课时,我对学生的分组活动只是看个大概,观察孩子是不是都参与了活动,经过磨课和聆听一些同仁的课,我感觉到巡视中教师还要切实做一些事。既然分组,就一定要关注每个孩子是不是分工到位了,在巡视中要深入孩子的活动过程,倾听学生在活动中的困难,个别问题应当及时解决,共性问题应在分组汇报后进行解决、总结。另外,分组活动的时间是宝贵、有限的,作为教师还有督促、提醒学生高效完成任务的义务。通过这节课的有效实施,我更加明白了分组在综合实践活动中的重要意义。

近两年的培训与实践,收获颇多,同时让我体会到综合实践活动的综合性、开放性与生成性对我狭窄的知识面构成了很大的冲击。为了使自己尽可能地为学生的学习活动提供最好的服务与指导,我必须尽快提高自身的教育教学素养,用新的理念、新的标准要求自己,参与学生的学习活动,给学生的学习活动提供支持与帮助。

"在有人走的地方走出辉煌,在无人走的地方走出方向。"在面对这样一门新兴的课程时,必须要经历一个探索与尝试的过程,不管这个过程有多难,这条路有多远,只要用心去走,就一定能走出自己的方向。

“浅尝”却不想“辄止”

宁青青[1]

为期两年的“国培计划(2014)”——安徽省中小学综合改革项目(小学综合实践活动)培训接近尾声,我从完全不知门路到慢慢走近了这门课程,从心理上接受它、认同它,并在教学中努力尝试实践它。

我曾在所任教的三年级二班开展过一次以“保护鸡蛋”为主题的综合实践活动,本意为启发孩子们的感恩之心,感受并报答父母的养育和关爱,但在活动过程中孩子们的体验和收获远远超出了我的预设。

首先,孩子们参与活动的主动性和热情令人意外。任务开始的第一天,班上就炸开了锅,有人哭,有人笑,有人小心翼翼,有人喜形于色。原来,有的孩子因为忘记任务而没能带鸡蛋到学校来,有的孩子的鸡蛋没“活”过两节课就碎了,有的孩子的鸡蛋不但完好无损,还穿上了独特的“衣裳”:用棉团包裹,住进“小房子”,或被主人套上毛线编织的袋子挂在了脖子上,或被安置在鸡蛋托中……孩子们对综合实践活动的喜爱未曾通过言语,就已经从他们的欢笑和泪水中流露出来。

其次,综合实践活动课带给孩子们的成长让人惊叹。任务开始的第二天,我请孩子们在本子上记录几句自己参与活动的体会,他们提交上来的材料让我欣喜,因为他们不但给自己的记录起了别致的名字,还似乎有说不完的话,这在平时的语文课中是很难见到的。在诸多材料中,他们谈到了“感恩”“责任”“承诺”“爱”“合作”“生命”等对三年级孩子来说相对抽象、宏大的词语。他们基本意识到了保护一个鸡蛋是多么不容易,进而联想到父母在抚养自己时花费的心血难以估量,会反思自己之前不体谅或不孝顺父母的一些行为。除

① 宁青青,女,本科学历,黄山市新城实验学校一级教师。主讲课程:小学语文,小学综合实践活动。

此之外还有很多其他的意外收获:有的同学将保护鸡蛋的个人行为自发发展为团体合作行为,因为他们在活动过程中发现,在一些情况下如果不寻求帮助,很可能给自己的鸡蛋带来伤害。例如,在体育课上或上厕所时,他们会想到轮流守护鸡蛋,相互帮忙。有的同学则展现出小主人、男子汉的气概,他们会暗中跟自己较劲,发誓一定会好好保护"鸡蛋宝宝",带它一起完成活动,他们的确做到了——用坚定的信心和负责任的行动。有的同学会思考自己的鸡蛋在什么情况下会孵化成小鸡,鸡蛋是怎么形成的……在同学们的活动体会中,我感受到了他们对爱的体会、对生命的尊重以及弥足珍贵的纯真善良的童心。"感恩""责任""承诺""爱""合作""生命",这些反映积极反思、合作探究精神以及负责任的生活态度的字词,如果放在语文课堂上讲,十分空洞,学生很难理解,也难以体会,但在本次综合实践活动中,孩子们走向生活,亲身体验,在不知不觉中成长。

"凡有所学,皆成性格",综合实践活动课程所具有的开放性、综合性、实践性等特点使它在孩子们的成长、成才过程中具有不可取代的特殊意义。陶行知先生认为,传统教育教学生读死书、死读书,消灭了学生的生活力、创造力,因此提出了"生活教育理论"。综合实践活动课程的设置恰恰是这一理论的生动体现:生活即教育,社会即学校,教学做合一,它为学生的发展开辟了面向生活、面向自然、面向社会的广阔空间,使学生置身于现实的学习环境中,综合地习得现实社会和未来世界所需要的种种知识、能力和态度。随着课程的向前推进和活动的深入开展,综合实践活动课程带给学生的影响一定会逐步显现出来,所以我们绝不能浅尝辄止。

"蒹葭苍苍,白露为霜。所谓伊人,在水一方。溯洄从之,道阻且长。溯游从之,宛在水中央。"践行综合实践活动之路的确可谓"道阻且长",但这又有何惧?俗话说"道路是曲折的,前途是光明的",只要我们坚持付出努力,满怀热情,定能俘获"伊人"芳心。

不得不爱

王　振①

很荣幸参加了"国培计划(2014)"——安徽省中小学综合改革项目(小学综合实践活动)培训班,并由此认识了综合实践活动。什么是综合实践活动?它是一门基于学生的直接经验,密切联系学生自身生活和社会生活,体现对知识综合运用的实践性课程,是国家规定的必修课、必开课。

我们都知道,兴趣是最好的老师,而综合实践活动课程正是基于孩子们的兴趣来开展活动的。来自福建省教育科学院的邹开煌教授通过一片简单的树叶,给我们打开了一扇通往综合实践活动的大门。一片简简单单的树叶,就可以吹出动人的旋律;一两根橡皮筋,就能变幻出不同的小魔术。不管是吹树叶还是变魔术,都是学生感兴趣的、喜爱的事情,产生了兴趣,激发了求知的欲望,他们就想要学习,就会认真地观察,就会不断地实践和调整,就会乐在其中,学在其中。这样的课程学生怎么会不喜欢呢?

在教学中教师们总是抱怨学生不认真听课、动手能力差、小组合作太乱等。现在回想一下:我们的课为什么不能真正吸引学生?平时上课有没有真正让学生动手做一些东西?小组合作有没有明确的目的和分工?学生有没有明白自己该做什么?教学失去趣味性,怎么能受到孩子们的喜爱呢?因此,不要怨天尤人,首先请让我们的课堂吸引学生的眼球,激发孩子们的外部学习动机。在"小小设计师"的教学中,三年级的学生能根据自身的特长,设计出各具特色的徽标,个别学生别出心裁,为班级设计了徽标,不仅讲究对称,还有班级的缩写。整节课上,他们是那么认真,除了思考,就是在那里擦擦画画,不停地修改自己的作品。这个圆画得不好看,那两个图形有一点儿斜了,孩子们在活

① 王振,男,本科学历,利辛县实验小学一级教师。主讲课程:小学数学,小学综合实践活动。

动中表现的那股认真的劲头令人震撼。

人生来就有探索世界的欲望,对于不懂的问题,人们总会想知道为什么。一岁半的女儿,拿着儿童书翻来覆去地看,偶尔还把嘴巴凑上去咬一口,她一定很纳闷:这个苹果怎么不能吃呢?求知的欲望是推动我们探索世界、认识世界的内在动力。既然人具有强烈探索的欲望,我们在综合实践的教学中就应该放手让学生去实践、去探索,在开放的环境中寻找属于自己的知识。

培训中我经历了一次最深刻的体验:我用右手中指触摸了零下190多摄氏度的液氮,它给我的感觉是:软、柔、轻。零下190多摄氏度,青菜叶放进去几秒钟,拿出来一弹就碎了;香蕉放进去一小会儿再拿出来就变成了一个小锤子。听到这里你敢把自己的手指放进去吗?李季院长说:“可以。”并且给出自己总结的理论依据。亲身参与实践所获得的经验至今令我无法忘怀。所以,教学中我非常注重让学生亲身参与实践。在“校园中的测量”教学中,当我提前半个小时来到学校的时候,惊讶地发现,孩子们已经拿着皮尺,开始测量操场的长度:皮尺的两头各有一个人,中间的人负责帮忙拉直皮尺,小组的另外两个人一个读皮尺,一个记录,他们有条不紊地测量着。还有的同学在想方设法地测量大树与国旗杆的高度,花坛的周长,一面墙的长与宽,等等。校园里不时传来孩子们的声音:“拉直一点,你的手按住了,不要让它跑了。”

是什么让他们有那么高的积极性?综合实践活动的整体性让他们有了团队合作的意识,实践性让他们有了动手操作的体验,开放性让他们能自主选择任务的难易程度,生成性让他们有了成功的体验和意外的收获,自主性让他们真正地成了学习活动的主人。综合实践活动充分尊重每个学生的兴趣和爱好,帮助学生体验生活并学以致用,形成从自己周围生活中主动发现问题并独立解决问题的态度和能力,为他们自主性的充分发展创造了广阔的空间。

认识了综合实践活动,知道了“她”的好,我有什么理由不去“爱”上“她”呢?

遇见

魏安琴[①]

2014年春,一次偶然的机会,我参加了由阜阳师范学院承办的"国培计划(2014)"——安徽省中小学综合改革项目(小学综合实践活动)培训班。此次培训,旨在使各个地区综合实践活动教师的教学水平在原有基础上有较大提升,努力建设一支热爱综合实践活动,教育教学能力过硬,适应各地区教育跨越式发展要求的教师队伍,培养一批教育教学改革的带头人和骨干培训者;探索、开发适应不同地区的综合实践活动课程体系。

培训既安排了专家讲座,也有学员交流、小组体验活动、实地考察等项目,这是我第一次真正意义上接触这门课程。通过学习,我懂得了综合实践活动的重要性,以及它与其他学科的区别,并意识到在之前的教学中,我与我的学生似乎错过了什么,意识到教师在传授学生文化知识的同时,更应该关注学生的内在需求,为学生个性发展创造空间,推进学生对自然、社会和自我之内在联系的整体认识与体验,发展学生的创新能力、实践能力以及良好的个性品质。

本次培训历时两年,让我从心底认定综合实践活动课程是一门值得我认真钻研的课程。那该怎样做?静下心来,我认真阅读了与课程相关的理论书籍,也听取了一些专家的讲座,并与同学相互交流,接受了许多信息,也想了许多,可实际操作起来,却又问题层出。看看身边的同事,大多埋头于语、数之中,找不到同行的我,感觉是那样的寂寞与无助。像培训老师说的那样,认真地、慢慢地去做,我们的教育,我们的学生,真的会有所改变吗?我不知道。前方与我,一片迷茫……可回忆起"国培班"老师们的谆谆教导、殷殷期盼,眼见着学生在活动中表现出来的不同于其他学科的积极性和自主性,那充满了活力与灵性的

① 魏安琴,女,大专学历,宣城市第五小学高级教师。主讲课程:小学语文,小学综合实践活动。

课堂,难道不是我最终的追求?

“认真做值得做的事”,学并不断地尝试着去做。在“学”与“做”的同时我深刻意识到,在综合实践活动中要凸显出学生的主体地位,要让他们走入社会,亲身参与实践,既“学”又“做”,只有这样才能使他们获得真正的知识。但是,每次活动,从主题确立,到方案设计,分组以及资料查找,乃至最后的成果展示,每一个环节要想顺利进行都离不开教师的参与和指导,所以提高教师自身的专业素养十分重要。为了使活动取得更好的效果,在选择综合实践活动内容时,教师除了要考虑自己对该活动领域的熟悉程度之外,还要充分尊重每个学生的兴趣、爱好、特长及已有的知识经验基础。师生可以在考察、观察、调查了解的基础上,共同设计出开展综合实践活动的计划,选择好开展综合实践活动的内容,确立活动的目标,使活动更有针对性。例如,敬亭山作为“江南诗山”已经深深地渗入每个宣城人的骨血中,是每个宣城人的骄傲。对于这座家乡的山,我们的学生又了解多少呢?为此,我设计了一次综合实践活动“走进敬亭山”,并结合学生的兴趣确定了二级主题活动内容:“敬亭山动植物研究”“敬亭山文化之旅”“保护敬亭山”“敬亭山欢趣”。学生根据自己的特长,组建活动小组,他们利用课余时间,爬山,阅读相关书籍,搜集整理资料。每一周,我看着孩子们欣喜地展示自己的活动所得,看着他们一点一点地深入了解敬亭山;看着他们在活动中积累经验,认识事物之间的联系;看着他们把学科知识运用于社会生活实践,主动地、能动地、创造性地学习……我想,这应该就是我该努力去实现的课堂。

我和孩子们在综合实践活动这片快乐的土地上一起探索,共同感受、共同分享、共同成长着。每取得一点进步与成绩时,我都在心中由衷地感谢最初的那次遇见。因为遇见,我得以窥探小学综合实践活动的精彩与灵动;因为遇见,我明确航向,走上了自己喜欢的路;因为遇见,我超越了过去,改变了现在,相信未来一定是春暖花开……

(外一首)

遇　见

就这样,
一场毫无准备的遇见,
灼灼其华,姣姣灿灿。

呵,
综合实践活动,
佳人若水,顾盼生姿。

就这样,
惊鸿一瞥,
刹那的欢悦,如昙花凋谢。
一转身,
淹没于无尽题海中的我,
再也寻不着她的踪迹。

忘不了初见的美丽,
我独自在黑暗里静静前行,
依稀的倩影,
近了,近了,却又仿佛更远了……
我睁大双眼,茫然四顾,
只余我一人孤身前行,
只余我一颗疲惫惶惑的心。

该不该继续?
问谁?
她还不出现,
她何日出现?

2014
走进阜阳师范学院。
树木葱郁,杏花缤纷,
坐在窗前,阳光温暖。
凝望着,倾听着,
那热切的眼眸,深情的话语,
告诉我,

不再孤单,不必惶惑,
告诉我,
别看这前路坎坷,
一路走去,
必将绿草青青,花儿嫣红。

仿佛跳出了人生的关卡!
我的天空幻化出七彩的虹,
我欣喜地走着,
忘却了惶惑与惆怅,
不见了头顶的乌云,
只余湛蓝纯净的天空。
拉着彼此的手,
爱——让我们一起走,
佳人若水,顾盼生姿,
近了,近了,仿佛更近了……

就这样,
感谢那一场毫无准备的遇见……

实践·感受·提升

武　婷[①]

作为一名特岗教师，我一直担任小学语文教学工作。对于综合实践活动课，起初我觉得自己缺乏理论知识和实践经验，也从没静心研究过这门课的教学，不知从何入手。参加“国培计划(2014)”——安徽省中小学综合改革项目(小学综合实践活动)培训班，是个机会，一个让我真正走进综合实践活动课的机会，一个挑战自我的机会。

通过学习，我认识到综合实践活动课程是一门实践性很强的综合性学科，为了培养孩子们的综合能力，我从学生接触的生活实际出发，从学生熟悉和关注的社会生活中选取主题，把学生所学的知识与实际生活联系起来，尊重每一个学生的兴趣、爱好与特长，引导学生自己从日常生活中选取探究的主题。例如，现在市场水果繁多，很多学生都喜欢吃，他们虽熟悉水果，却缺乏相关知识，“了解自己喜欢的水果”正是学生所渴望探究的问题。学生提出了这次活动的主要内容，根据这一情况，我设计了以“我喜欢的水果”为主题的综合实践活动。

活动以“摸水果——认识水果的特征”“尝水果——说味道”“画水果——给水果做身份证”“活动延伸”几个环节为主线。为了更好地开展活动，我让学生自由组成小组。活动开展的过程非常精彩，孩子们的兴趣和热情也被调动起来，“画水果”部分非常有趣，学生画自己最喜欢的水果，并在图画的背面用形象、风趣、幽默的语言描述水果的特点，为水果做“身份证”，把水果的特点表现得淋漓尽致。与此同时，学生还收集了一些有关水果的谜语，小组抢答，同样十分精彩。每位同学都非常积极地参与其中，体会活动的快乐。“活动延伸”部分设计得比较灵活，没有太多的要求，主要让学生了解自己喜欢的水果，然后向大

---

① 武婷，女，专科学历，泗县山头镇中心学校一级教师。主讲课程：小学语文，小学综合实践活动。

家汇报。学生们的表现出乎我的意料,他们有的去了解了水果的生长过程,从而懂得了每一种水果都是用辛勤劳动换来的,一定要珍惜。有的去了解了水果的营养价值,利用搜集来的报纸剪、贴、粘,做成板报向全班同学展示、宣传。有的则告诉我们水果要营养搭配合理,各种水果都要食用,才能做到均衡营养。还有我们班公认的几位小"吃货",告诉了我们水果的一些不同吃法:生吃可以做水果拼盘、水果沙拉,熟吃可以做拔丝苹果,煮香蕉,还可以晒成干果,做成罐头,等等。为了避免浪费,同学们利用手中现有的水果,小组合作,做成了各式各样非常有创意的水果拼盘,然后互相赠送、一起品尝。每个小组都收到了这份"特别"的礼物,孩子们都美滋滋的。

我觉得此次活动非常成功,同学们展现出的成果非常好,他们在活动中不但学到了水果的知识,也学会了与他人合作交流,同学之间建立起了融洽友爱的亲密伙伴关系,我为他们感到自豪。在活动实施过程中,也存在一些问题,如一些同学随意性强,我的调控能力不是很好,这些问题在以后的活动实施中应当努力克服。

在综合实践活动中,学生不再仅仅作为知识的接受者,被动地听从教师的指令,而是带着各自的兴趣与需要,直接与生活世界接触,在玩中学,学得轻松,学得愉快,感受到了原来学习是这么快乐的事。再好的课程,如果不去实践,那么你永远走不进这门课程;再难的课程,只要我们热情参与,就会有丰厚的回报。不经历风雨,怎么见彩虹?在今后的教学中,我会更加努力,用所学、所悟去审视我的教学,把所学的教育理念应用于教学实践中,让祖国的花朵在阳光下尽情地绽放。

想识庐山真面目，只能身入此山中

杨　蕊[①]

参加由阜阳师范学院主办的“国培计划2014”——安徽省中小学综合改革项目(小学综合实践活动)培训班至今，已经一年有余。一年前，我和我的同事们一样，对于综合实践活动的理解仅仅是懵懂的状态。在这一年的学习中，既有丰富的面授课程，也有长时间的网络研修课程，丰富多彩的学习生活给了我很大的帮助，让我对综合实践活动有了更深入的认识。

我曾给学生们开展过一次主题为“定向运动”的户外拓展活动，让学生利用指南针、地图等简单的工具在整个校园范围内依照顺序找出50个固定标志的定点目标，进行记录后再返回。初次进行这个活动时，参加活动的学生们兴奋异常。在我简单介绍了活动方法和规则后，同学们争先恐后地在比较短的时间内找出了定点目标。在课后和同学们交流的过程中，我发现许多同学对于定向运动的认识仅仅停留在“游戏”层面，而智力与体力并重的活动优势并没有充分发挥出来。这让我意识到，活动方案出现了问题，必须有所改进。虽然意识到了问题所在，也进行了一些调整，效果却一直不好。

随着对综合实践活动的不断学习，我认识到了自己初期活动设计方案的问题——缺乏对学生的有效引导，留给学生自主研究学习和合作的空间太少。郭元祥教授在《综合实践活动课程：设计与实施》一书中说，综合实践活动“是教师引导下，学生自主进行的综合性学习活动，是基于学生的经验，密切联系学生自身生活和社会实际，体现对知识的综合应用的实践性课程”。初期进行活动方案设计时，活动过程设计得过于死板，没有给予学生足够的自我探究的空间，导致学生在活动过程中仅仅被有趣的活动过程所吸引，缺少自主思考时间，无法

① 杨蕊，女，本科学历，芜湖市青少年社会实践基地教师。主讲课程：小学综合实践活动。

理解活动的深层次意义。在修改活动方案后,学生拥有了更多自主探究学习的空间,他们在活动的过程中通过相互之间的交流合作,提升了团队合作精神,拓展了分析和解决问题的能力、收集与分析信息的能力等多种素质。

修改活动方案后,我再次开展了“定向运动”的户外拓展活动。这一次,我要求同学们进行分组竞赛,自由分组后,我只就小组的分工做出简单说明,给孩子们留出了充分思考和分工准备的时间。这一次,孩子们充分发挥了自己的主观能动性。其中,多个小组都根据小组成员的情况进行了分工:有的小组根据个人特长分工,有负责读地图的,有负责探路的,也有负责整理记录的;有的小组则根据校园地形分工,各自负责一片区域。当然,也有个别小组分工比较混乱。对于组织能力较差的活动小组,我在分工讨论阶段进行了一定的引导,鼓励孩子们探索更多的分工模式。

在活动的最后,孩子们分享了个人感受,积极踊跃的态度给我留下了深刻的印象。“我们组比较团结,他们组一直在吵,当然速度没有我们快。”“我们组事先花了很多时间进行任务分配,虽然一开始落后,但是我们完成的速度最快。”学生们你一言我一语,说得热火朝天。有些语言表达能力较强的学生,对自己组和其他组的优缺点进行了比较客观的分析,有理有据;还有一位平时比较羞涩的学生,这次在大家积极讨论的氛围下,也勇敢地分享了自己的感受,整整五分钟的发言让其他同学笑称这是他个人的“史上最长发言”。

当然,这次的活动只是一个初步的尝试,活动方案依然有许多需要改进和提高的部分,但是这次尝试让我有了信心,也有了进一步开展综合实践活动的经验。同学们在整个活动的过程中,有意识地开展了合作性的分工,他们通过活动体会到了团队合作的重要性。活动中固定标点信息的标注和记录很好地拓展了同学们的信息收集与分析能力,活动最后的感受分享时间给了孩子们沟通和表达自己的机会。这让我意识到,作为综合实践活动课程的教师,不能只满足于教会孩子们课堂知识,还要关注学生的体验和收获。我们不仅要善于传授知识,还要唤醒孩子们对于学习的兴趣和主动性。

通过对综合实践活动课程的学习和实践,我有了自己的一些感受:一是要不断地自我反思,从过去的实践中总结经验得失,不断改进,同时实实在在地进行综合实践活动课程的活动设计和实施,才能在实践中不断调整,更好地认识和进行综合实践活动的教育教学工作,从而更好地开展综合实践活动;二是坚持学习,不断提高自我素质和业务水平,只有这样才能更好地满足学生的需要,更好地引导学生参与综合实践活动；三是加强沟通交流，综合实践活动作为一个发展中的课程，很多时候，仅仅凭着自己的想法和认识很容易走弯路，甚至走错方向，只有不断加强和同仁的沟通，才能更好地帮助自己、帮助学生，真正体现出综合实践活动课程的优势。

虽然这些感想只是在我有限的经验体会中得出的较为浅薄的感受，但我相信，随着综合实践活动课堂实践的增多，我对综合实践活动的了解也会更深入。因此，想要识得综合实践活动的“庐山真面目”，只有亲身加入、实施下去，更好地了解它，进而深深地爱上它。

爱你在心

余宏军[①]

为期两年的“国培计划(2014)”——安徽省中小学综合改革项目(小学综合实践活动)的培训已临近尾声。我从对综合实践活动这门课程一无所知,到现在对它的目标、性质、基本理念、内容领域、实施和评价等方面有了一定了解,这些收获都要归功于这次培训,是这次培训让我对综合实践活动这门课程有了全新的认识,并渐渐地爱上了它。

“想说爱你不容易”

这是我参加培训活动之前直观而又真实的感受。其实这么一句简单的歌词包含了太多的内容,提出了值得我们研究和深思的许多问题。我作为一名长期从事小学语文教学的老师,最初对这一课程理解很模糊,认为活动课不是一门正规的课程。面对综合实践活动课程不同于常规学科的特点,如开放性、综合性、实践性、生成性、创新性等,在具体教学活动过程中有许多问题和困惑。没有综合实践活动课程教材、教参、教具,具体教学时怎么办?综合实践活动课程对教师专业化程度要求较高,目前能胜任该门课程的全能教师很少甚至没有,怎么办?如何开展综合实践教学活动?开展一次综合实践教学活动有哪些基本环节?综合实践活动课程不考试,学生认为与升学无关,加上有些领导重视不够,导致综合实践活动课程开展不下去怎么办?家长对综合实践活动课程的价值、实施方式等不甚了解,怕“不上课会耽误孩子”怎么办?实践活动过程中难免会参加校外活动,学生安全成了敏感问题,学校领导和老师们只好“三思而后行”了。正如歌词中所唱:“你是那昨天的云,还是今天淋漓的雨……迟到的风里系着你……想说爱你并不是很容易的事,那需要太多的勇气。想说忘记

---

① 余宏军,男,本科学历,霍山县与儿街明德小学高级教师,教务主任。主讲课程:小学语文,小学综合实践活动。

你也不是很容易的事,我只有矗立在风中想你。”

“爱上你没有错”

通过培训,我认识到了综合实践活动这门课程开设的重要性和必要性。我聆听了许多专家老师的讲座,理解了综合实践活动课程的基本理念,为我今后上好这门课做好了理论准备。邹开煌教授的《综合实践活动的现状》分析了当前农村小学“先天不足”“后天的营养不良”以及“亟待解决的四个问题”,设计了综合实践活动的指南。顾江鸿教授的《例谈物理类综合实践活动资源开发》,阐述了体验研究型学习,让我们体会到做一名研究型教师的乐趣。沈旎教授的《认真做值得的事情》,阐明教育对象是人,是学生,是有思想、有语言、有感情的学生,教师要尊重与发展学生的人性和个性。倪致祥教授的《问题的问题》深入浅出,生动有趣,发人深省……我先后听取了几十次的专家讲座,受益匪浅,感受颇深。我知道在整个综合实践活动中,教师是学习的组织者和指导者,学生是活动的主体,教学不局限于课堂,可以走出校园,深入社会,根据确立的研究主题,综合所有同学的想法,进行分析、归纳、总结,得出最佳方案,然后再进行深入的研究和调查,最后进行集体展示和交流。它所产生的影响是不可估量的,每个学生都会为自己的成功感到骄傲,同时获取了经验,提高了实践能力,学会了自主获得知识的方法,并且能够更深入理解人、自然与社会的关系,促进了情感、态度与价值观的和谐发展。其实,“爱上你没有错,你是我想要的,哪怕会有坎坷……”

“其实爱很简单”

培训中,除了认真聆听专家讲座之外,我还参加了安徽省小学综合实践活动优质课评比的观摩活动。这可是一次“真枪实弹”的较量,虽然我只是一名观摩者,但也深深地感受到参赛老师们的激情和信心。我班学员收获颇丰,并获得了很好的名次,可谓满载而归。观摩之后,我信心满满,觉得综合实践活动课并不是神秘莫测、可望而不可即,只要你用心去做,去实践,去爱它,其实也很简单。通过学习交流,我基本上知道了综合实践活动课程的活动流程和方法,也切实感受到开展综合实践活动课的可行性和必要性,同时我仿佛看到了小学综合实践活动课的未来和希望。的确,“其实爱很简单,真的很简单。一旦说了永远,就不再害怕明天……”

“爱你就是真心喜欢你”

历时两年的培训临近尾声,我进一步走进了综合实践活动这门课程,也渐渐爱上了这门课程。对于我来说,这是一次难忘的“充电”历程。阜阳师范学院给我们提供了这个再学习、再提高的机会,让我们能聚集在一起相互交流、共同学习,从不知到知,从不会到会,并对这门课程产生了好感和热爱。“爱你就是真心喜欢你”,我将在今后的教学实践中,仔细研读培训学习的材料以及各位专家的学术报告,将他们成熟的教学成果应用于我的综合实践活动教学中,让综合实践活动走进课堂,走进生活,给学生创新思维与实践能力的发展提供更广阔的天地。正如歌词中写的:“什么样的秘密我都告诉你,像春天的花朵尽收眼里;什么样的甜蜜我都献给你,像阳光照耀大地温暖直到心底。爱你就是真心喜欢你……”

国培·转变·前行

岳翠红[①]

2015年3月21日，春意盎然、万物复苏，我有幸来到美丽的阜阳，来到处处充满浓厚书香气息的阜阳师范学院，参加了为期两年的“国培计划(2014)”——安徽省中小学综合改革项目(小学综合实践活动)培训班的集中学习培训。主办方阜阳师范学院为我们四十三名来自不同市县的学员创造了良好的学习机会，提供了优越的学习条件。全新的培训方式，全新的学习内容，专家教授精彩的学术报告，同学们亲力亲为的示范课，综合实践基地的实地参观，让我经历了一个由陌生、抵触、怀疑到认识、熟悉、喜爱的过程。

两年来，虽然集中学习时间紧、课程多、任务重，与老师同学面对面交流、研讨的机会少之又少，但我尽可能通过互联网、电话等方式向老师请教咨询，和学员交流探讨。通过集中培训和线下不断地深入学习，我感知到了先进的教育理念，加深了对这门课程的理解与感悟，切切实实开阔了视野、转变了态度、转变了方法、转变了思路。

首先是态度转变。我以前认为这门课程可有可无，而专家教授的理论知识培训，拨开了我内心深处的层层迷雾，使我清楚地认识到综合实践活动课程开展的重大意义以及在当前形势下开展的必要性。这几次集中培训使我感知到了综合实践活动课程先进的教育教学理念，让我发自内心地想要深入这门课程中去，并于回校后在我们农村小学认真地开设了这门课并传授知识。这不仅能培养和提高学生的综合素质，而且对学生个性、创新精神的培养，对学生团结协作能力、动脑解决问题能力的提高都起着潜移默化的作用。

其次是方法转变。综合实践活动课程是一门实践性、综合性很强的学科，

---

① 岳翠红，女，本科学历，凤台县丁集中心学校一级教师。主讲课程：小学语文，小学综合实践活动。

我们每位教师都要参与课程的实施与开展。现在很多学校虽然没有配备专职的综合实践活动课教师,但是每位班主任及学科科任教师都要主动参与其中,主动钻研,综合利用各门学科的知识点,用综合性的方法,引导学生在活动开展中发现问题、解决问题,从而促进教育的均衡发展,全方位地有效培养学生不断创新的精神与综合实践能力。

最后是思路转变。综合实践活动课程不像语、数、外等学科课程有完备而充实的备课资源,它缺乏现成的“教材、教辅、教参”,没有教学大纲,更没有相对应的“教师教学用书和教学计划、教学方案”等。因此,综合实践活动要求每位教师都要积极主动地参与课程的实施,关注学生、关注生活、关注社会,从日常生活中发现问题,从而提出活动的主题,要善于去开发和利用好身边的课程资源。综合实践活动的课题是从学生的生活中提炼出来的,越是贴近学生的生活、贴近学生的经验、贴近当前的社会形势,学生就越有积极性,越会主动参与活动。

集中培训虽转瞬即逝,但是对我来说受益无穷,主办方安排了理论学习、技能培训、备课指导、优质课观摩、论文课题指导等,对我们学员来说,无疑是一次学习的良机、盛宴。在今后的工作中,我会把在国培班学习到的先进教育理念运用于自己平时的教育教学中,并将所学到的这一切毫无保留地传递给我的同事、我的学生。希望大家在先进理念的影响和感召下,共同提高、共同进步,为我们学校,乃至我们凤台县的综合实践活动的开展,做出自己力所能及的贡献。我坚信,在不久的将来,综合实践活动课程这棵幼小的树苗将会茁壮成长为参天大树。

“路漫漫其修远兮,吾将上下而求索。”在今后的综合实践教学活动中,我将继续利用好一切有效资源,聆听专家教授的讲座,观摩高校名师课堂,学习他人长处,弥补自己短处,踏踏实实地工作,兢兢业业地奉献,努力实现自己的综合实践教育梦想!

在培训中提升，在活动中成长

朱潇潇[①]

由相遇到相识再到相知，自2015年3月初次去阜阳师范学院参加"国培计划(2014)"——安徽省中小学综合改革项目开始，我便与综合实践活动课程结下了不解之缘。原本完全陌生的事物在我的脑海中初具雏形，日渐清晰，最初的茫然不知所措也转化为现如今的心生兴趣、主动尝试。

通过培训，我认识到综合实践活动是一门集开放性、综合性、实践性于一身的学科，它的开设旨在引导学生在生活中学习、在实践中成长。开展综合实践活动，能让学生更加亲近自然，并产生探究自然的兴趣，从而增进对自然的认识；也能让他们更加积极地参与社区活动和服务社会，发展社会实践能力和社会责任感；还能使其掌握基本的生活技能，养成积极而负责任的生活态度；更能培养其技术意识和技术实践能力。凡此种种，正是综合实践活动的目标体现。

基于此，我开始在教学中不断摸索、探究。首先，我引领孩子们发现、寻找身边的课程资源。出乎我意料的是，孩子们非但没有不知所措，反而兴趣浓厚、发言踊跃，他们想到的有：去图书馆查阅资料，在实验室做科学实验，参加少先队活动，参观科技馆，去公园、植物园、动物园游玩，等等。其中一位同学经常随家人外出，他向大家讲述了旅途中发现的有关不同地区的不同地形地貌、风土人情、生活习惯、饮食风格、气候特点等各种课程资源。在此过程中，孩子们都得到了不同程度的锻炼，这也正是综合实践活动的初衷所在。

更令我不曾想到的是：学生们的发现、搜集、思考等能力都大大超出预期。通过这一系列活动，孩子们的自信心倍增，也更愿意主动参与、交流讨论。由此可见，他们对生活已经有了一定的体验与经验，对自然、对社会、对自我都有了

① 朱潇潇，女，大专学历，来安县三城乡中心学校一级教师。主讲课程：小学语文，小学综合实践活动。

一定的认识。因此,我充分认识到:与其让学生扯着老师的衣襟小心翼翼地行走,不如大胆放手让学生自己去寻找、去发现、去归纳、去总结。于是我大胆尝试,和学生们共同探讨、搜寻可以运用到综合实践活动课程中的活动方式。有了之前的鼓励与肯定,孩子们更加积极,竞争意识愈发强烈,他们确定了以下活动方式:查找文献法、调查法、考察法、访谈法、观察法、实验法、数据统计法、参观法、探究法、撰写活动总结法……

初步尝试就能取得如此喜人的效果,不仅仅是学生,就连老师也倍感欣慰、平添动力!于是我和孩子们约定一周后展示各自的成果。正如我所预期的,孩子们无一不认真思考、积极行动,他们纷纷带来自己的作品,跃跃欲试,迫切想要与同伴分享。他们有的准备了精心制作的画册,有的展示了自己的摄影作品,有的分享了制作精美的手工作品,有的制作了多彩的幻灯片,有的带来了精心培育的植物,有的合作表演了舞台剧,有的朗诵了自己认为最美的诗歌,有的甚至用自制的报纸服装上演了一场模特秀……

在这一系列活动中,孩子们日渐积极、主动,他们为自己的不断发现和取得的成果感到自豪,信心倍增,同时这也提高了他们的观察能力、动手能力、创新能力、逻辑思维能力、口语表达能力、团队合作能力等等。凡此种种,不正是综合实践活动课程所期望达成的目标吗?这不也真正使学生得到了能力锻炼与自我成长吗?

综合实践活动似一缕清风,吹过脸庞;综合实践活动又像一阵细雨,滋润心头;综合实践活动更如一抹阳光,照亮前方。基于此,我更深切地领悟到:综合实践活动是一门具有开放性、综合性、实践性的课程,它不仅使孩子们也让老师在生活中学习、在实践中成长。我和孩子们共同培养了搜集处理信息的能力、自主获取知识的能力、分析与解决问题的能力等等,于是我更加坚定:我将把综合实践活动贯穿融合在日常教学中,也将在综合实践活动课程的道路上一直探索、尝试、成长下去,更会让综合实践活动之花在小学课堂、在更多孩童心间盛放!

再见了　阜阳师范学院

徐　晖[①]

无论你生活在烟雨朦胧的江南
还是美酒飘香的淮北平原
或者是人杰地灵的江淮之间
听从“国培”的召唤迅速奔赴古老的颍州
我们前世有缘相识在久负盛名的阜阳师范学院

京九线上这颗璀璨的明珠
到处呈现出古朴而又崭新的容颜
管仲在这里经过商　姜子牙在这里耕过田
欧阳修被她的风韵醉倒终老在颍西湖畔
刘琦为保卫她血染战袍
刘福通吹响了反元号角把焚毁元朝的烈火点燃
一九二八年的四九暴动掀开了历史上最辉煌的诗篇

二零一五年的春天
我们有幸踏上了这片热土
肩负综合实践活动课程改革的重担
一晃两年的光阴如白驹过隙
但经历的桩桩件件如同昨天

---

① 徐晖，男，专科学历，涡阳县城关第五小学一级教师，教务副主任。主要工作：学校教务，兼任小学综合实践活动课教师。

怎能忘——专家精彩的学术报告
引领课堂教学的示范课展演
珠城讲台上的技能竞秀
口孜镇催人灵感迸发的学习参观
对翻转课堂理念的激烈争辩
运动场上身姿矫健的冲杀
精妙绝伦的投篮
场外手舞足蹈的助威呐喊
春风满座的小酒馆里
令人沉醉的笑语声喧

怎能忘——摔不烂的神奇鸡蛋
鲜为人知的氮气实验
沉浮子的妙趣横生以及制作的困难
小组活动的愉快合作
剪纸艺术的精致美妙
座谈会上情真意切的发言
植物园里定格蝴蝶的曼妙
绿叶的明丽　花儿的明艳
光与影描绘了你我
勃发的英姿　潇洒的风度
芙蓉花般的笑脸
最是那宾馆房间里温暖的灯光下
彻夜无眠的倾心长谈

怎能忘——格拉条的筋道爽口
枕头馍的自然醇香
各具特色的夜市小吃
霓虹闪烁　凉风习习的夜晚
清河岸婆娑的垂柳
泉河里摇曳的睡莲

颍河边漫步的悠闲
颍西湖的悠悠碧水
亭亭嫩荷湛湛蓝天

再见了　阜阳师范学院
我们在樱花的簇拥下相见
在瓜果的芳香里交流探索
流火的七月用洪荒之力
写心得编设计撰论文
总结校本经验
瑞雪飞舞的今天
我们迈着轻盈的脚步
怀着愉悦的心情
来分享劳动成果
但清澈的眸子里饱含着泪花
将无奈地说声再见

谢谢你　尊敬的院领导和老师
谢谢你　热忱服务的学员班干
谢谢你　殚精竭虑的班主任
深深地向你鞠个躬
这是发自心灵深处的情感
今天的分别不是永远的告别
把友谊存在心里时时与我同行
把思念留在群里天天与你相伴
相信我们一定会再相聚
让我们微笑着去迎接
那个硕果累累的明天

校本经验篇

综合实践活动是基于学生的直接经验，密切联系学生自身生活和社会生活，体现对知识的综合运用的实践性课程，是一种能力取向的课程、经验取向的课程、实践取向的课程。

综合实践活动课程遵循国家开设、地方管理、学校开发的原则，一线综合实践活动课程教师结合地域特色及学校实际，在教育教学中不断探索和实践，逐渐形成了具有各自学校特色的校本课程。校本课程的开设及实施极大地推动了综合实践活动课程的有效实施，也顺应了新课程改革中学生核心素养提升的发展要求。

校本经验篇，汇集了“国培班”学员所在学校实施综合实践活动课程的宝贵经验，结合学校的不同发展特色，从实践基地建设、校本活动课程开发、区域常态实施、网络平台应用、学科课程融合等角度阐述各自的校本经验，使学校不仅成为综合实践活动课程的开发者和实施者，也成为综合实践活动课程实施的重要基地。希望这些经验能为综合实践活动在学校层面的管理、开发、实施、评价等提供借鉴。

基于促进小学生多元发展的校本活动课程建设

江　南[1]

当前，基础教育课程改革有力推进素质教育的实施，然而，单纯以学生学业考试成绩评价教育质量的倾向没有得到根本扭转。在注重考试分数的评价指标体系下，一些学业成绩不理想但具有其他特长或发展潜能的学生因得不到应有的尊重和发展机会而产生挫败感甚至心理扭曲，一些原本具有多元智能的学生却被单一的学业考试格式化成统一智能而错失个性化发展机会，这些都是教育不容回避的现实问题。

立德树人是教育工作的根本要求，要坚持全面发展与个性发展的统一，树立人人成才和多样化人才观念，面向全体学生，尊重个人选择，鼓励个性发展，不拘一格培养人才。要改革教育质量评价制度，探索促进每个学生发展的多种评价方式，建立面向全体、关注差异的多样化评价标准，倡导对具有特殊禀赋和潜能的学生实施个性化培养，为每个学生提供适合的教育。淡化教育功利，强化教育助力人的全面多元发展的功能，任重道远。

我校的校本活动课程基于不同学生的智能优势，尊重不同学生的学习需求，探究促进学生多元发展的相关策略。通过开发多元化校本课程和建立多元化校本评价体系，充分尊重学生的个体差异，力争为每个学生创造个性化学习与展示才能的机会，激发各自的发展潜能，使人人享受成功的体验，个个得到应有的发展。

---

① 江南，女，本科学历，安庆市中兴小学高级教师。主讲课程：小学语文，小学综合实践活动。

一、课程实施的理论依据

(一)多元智能理论

传统的智力理论认为人类的认知是一元的,个体的智能是单一的、可量化的。20世纪80年代,美国著名心理学家霍华德·加德纳提出多元智能理论,认为人的智能是多元的,至少具有彼此相对独立的七种智能,即语言智能、数理逻辑智能、音乐智能、身体智能、空间智能、人际交往智能和自我认知智能。他还指出人的能力是多种智能的组合,但由于受遗传、环境、教育和个体努力程度等因素的影响和制约,不同的人便形成了不同的优势智能和弱势智能的组合,这就有了人与人之间的差异。这一理论表明,每个学生都是各具智能特点和发展优势的可造人才,但在传统的学校教育中,前两种智能尤其得到重视,具有后五种智能优势的学生常常不能得到应有的发展和公正的评价,导致学生的智能发展失衡。心理学研究表明,人的内心深处都有被肯定的心理需求。于是,不具备前两种智能优势的学生,在传统的教育教学活动中,由于得不到应有的关注,常常不能产生学习的成功体验,难以得到持续发展的动力。

(二)因材施教原则

南宋著名理学家朱熹在《四书集注》中把孔子的教育思想概括为“孔子教人,各因其材”,也就是“因材施教”一语的由来。所谓因材施教,是指根据学生个体差异和具体情况,有的放矢、因势利导地组织教学。对此,唐代思想家韩愈在《进学解》一文中作了形象的比喻,指出:“夫大木为宊,细木为桷,欂栌侏儒,椳,闑扂楔,各得其宜,施以成室者,匠氏之工也。”意思是说,用那些大的木材做屋梁,小的木材做瓦椽,做斗拱、短椽的,做门臼、门橛、门闩、门柱的,都量材使用,各适其宜而建成房屋,这是工匠的技巧。教育理应“因材施教”,像木工师傅那样因材使用,对每一个学生须因人施教,充分发挥他们的聪明才智,让他们都得到应有的发展。

受遗传、环境、教育等因素的影响,学生之间的个体差异是客观存在的,教育的本质在于尊重差异,帮助不同学生寻求多元发展的路径。本课题的提出旨在关注学生不同特点和个体差异,探索有差别的教学和评价方式,着眼于学生“最近发展区”和“最佳发展区”,使每个学生都能扬长避短,发展各自的优势潜能。

(三)教育质量综合评价改革要求

《教育部关于推进中小学教育质量综合评价改革的意见》指出,在评价内容上重考试分数忽视学生综合素质和个性发展的应试教育评价体系,严重影响了学生的全面发展和健康成长,制约了学生社会责任感、创新精神和实践能力的培养,必须大力推进中小学教育质量综合评价改革。坚持育人为本,综合考查学生发展情况。确立了学生的品德发展水平、学业发展水平、身心发展水平、兴趣特长养成、学业负担状况五个方面和二十项关键性指标作为评价学校教育质量的主要内容,着力构建中小学教育质量综合评价指标体系。

以五个维度和二十项关键性指标为主要评价内容的中小学教育质量评价改革对学校教育具有重要的导向作用,将有力推进学校教育理念、教育教学方式向关注学生多元发展方向转变。

二、课程内容与目标

(一)加强教育理论学习,树立差异发展的学生观

教师是实施教育的主体,教师的教育观念直接影响教育行为,因此,科学地引导教师更新教育观念至关重要。组织教师学习多元智能理论和“因材施教”教育原则,是课题研究的当务之急。我们组织教师理论联系实际,反思应试教育给学生带来的危害,认识教育的根本要义,共同确立“尊重差异,多元发展”的办学理念,探究促进学生多元智能发展的相关策略,实施差异化的教育模式,为不同的学生搭建适合他们发展的平台,激发每个学生的发展潜能,使每个学生的优势智能都得到相应的发展。

(二)建立校本课程体系,促进学生个性发展

整合学校活动课程,根据学生需要,开设丰富多元的特色校本活动课程,建立一套面向全体学生的较为科学完整的课程体系。

(1)根据学生各自的智能差异和不同发展需要,结合社会资源和教师特长,开发校本选修课程,实行走班教学与学分管理相结合的方式,由学生根据自己的兴趣、发展愿望、认知能力自主选择课程,走班上课,让每个学生都能选择适合自身发展需要的活动课程,培养兴趣特长,促进多元智能发展。

(2)利用家长资源,面向高年级学生开发职业启蒙课程,邀请从事不同职业的家长来校向学生作职业报告;组织学生参与不同行业体验活动,体会不同社会职业的特点,感受职业艰辛和幸福,激发学生对未来所从事职业的向往,适应社会需要,培养多样化人才;丰富传统学校活动内涵,变少数人参与的竞技性活动为全体参与的体验性活动,使每个人都体会到成功的快乐。

(3)建立多元评价体系,发展学生优势智能。结合多元智能理论,反思和细化传统"三好学生"评价标准,探究促进不同学生发展的评价标准和实施策略。评价内容包括学业水平、品德、才艺、运动、阅读等多个方面,尊重不同学生的个性特点和学习差异,发现和赏识每个学生的闪光点,让每个学生都能在多元评价指标的激励下获得自信和持续发展的动力。

(4)探索自主学习课堂结构,使人人得到发展。学习当前全国比较有影响的教育实验成果,尝试开展生本教育实验,改变单一的讲授教学模式,根据每个学生不同的智能特点、学习方式和认知水平,探究相应的教学策略,倡导实施分层教学和小组合作自主学习活动,设计差异化、个性化的课堂学习活动和课外实践活动等。尊重不同学生的学习特点和需要,为有不同学习需求和喜好的学生创造相应的学习与展示机会,使每一个学生都成为学习活动的主人,在自主参与学习中体验快乐。

三、校本活动课程成果

(一)多元化校本课程体系雏形初显

(1)每周一次的校本选修课让星期五成为最快乐的时光。

为培养和发现不同学生的兴趣、爱好,激发每个孩子的潜能和特长,学校利用星期五下午第三节课开设了校本选修课程。按照学生的兴趣需求设置相应的课程,由学生自主选课,重新编制班级,走班上课。授课教师则要求具有相应的特长或爱好。课程主要涉及艺术、实践、体育三种类型,主要开设了象棋、书法、绘本、手工、合唱、舞蹈、十字绣、厨艺、科学探秘、动画制作、羽毛球、乒乓球、篮球、航模等二十多门课程。为加强对课程的专业指导,厨艺班还经常邀请专业厨师为学生讲解菜肴制作,丰富课程内容,得到了安庆电视台《教育点点透》栏目的宣传报道。选修课程的丰富多彩打造了"快乐星期五"的美好时光,这一天,是孩子们最快乐、最期盼的日子。

(2)每月一次的职业启蒙课为学生打开一扇认识社会的窗。

为了让学生初步了解不同社会职业的特点，激发对未来所从事职业的向往，学校面向五、六年级学生开设了“聆听窗外声音”职业启蒙课程，每月邀请从事不同职业的家长向学生作职业报告，主要涉及医生、工程师、营销员、会计、公务员、个体户、企业策划等社会职业。孩子们在聆听家长介绍自己的职业经历时，对家长所从事的工作多一些了解、体会与理解，增强对父母的感恩之情，增加对社会各行各业的了解，为今后职业规划打下一定的基础。

(3)每年一次的学校传统活动让人人体验成功的快乐。

鼓励学生参与校园活动，做学校小主人。为激发学生的聪明才智，以校园文化建设为载体，搭建展示不同学生个性才华的舞台，增强学生对学校的归属感，营造良好的育人环境。我校先后开展了校园文明礼仪标语和学习励志标语征集评选活动，并将优秀作品制作成校园文化标牌，用学生自己的话语来激励每一个学生。同时，持续开展教室美化评比活动，鼓励人人参与班级文化建设，力求让每一个角落都成为学生展示个性特长的舞台，将教室打造成温馨优美、富有个性的学习乐园。

举办人人参与的趣味运动会。结合大课间活动，举办校园趣味运动会，力求让全体学生都参与到活动中，在游戏化的运动中增强体育锻炼的意识。趣味运动会主要项目有1分钟跳绳、投沙包、踢毽子、仰卧起坐、拔河、跳长绳、蚂蚁搬家、踏石过河等，只要感兴趣都可以报名参加，变纯粹的竞技式体育比赛为人人可以参与的体育游戏。

开展人人可选择的超市型六一游园活动。创新庆祝六一的活动形式，变一贯的观赏性文艺汇演为学生自主参与的游戏活动，开展大型校园游艺活动。由全体教师参与策划、设计和组织游戏活动，学生凭借游戏券自由选择参与自己感兴趣的游戏项目，如果在游戏中闯关成功，将会获得相应的积分，游戏结束后，再根据积分多少兑换相应的玩具礼品。这一天，是孩子们在校园里最快乐的一天，因为每个孩子都有机会参与自己感兴趣的游戏，享受游戏的乐趣。对此，安庆电视台《教育点点透》栏目曾做过专题报道。

(二)多元化评价体系逐步完善

(1)以“学生成长记录册”为平台，变终结性评价为过程性评价。

在一、二年级推行“学生成长记录册”评价方式，让家长参与评价，内容以教育质量综合评价改革五个纬度的内容为指导,结合学校实际,细化品德发展、习惯养成、学业负担、课外阅读、兴趣特长等。这不仅加强了家校之间的联系,还记录了学生成长的点滴进步,使学生在自我检视、家长督促和教师鼓励的过程中更加健康成长。"学生成长记录册"使用方便简捷、实效性强,得到了开发区领导和教师的一致认可,开发区已于2015年秋季在全区中小学推行"学生成长记录册"的应用。

(2)借助多元化评价记录册(表),变过分强调学业的单一性评价为激发优势潜能的多元化评价。

此项活动经历了两个阶段。第一阶段为"七彩阳光"评价策略的实施。在传统的"三好学生"评价基础上,对评价标准做进一步细化和补充,评价内容主要涉及文明、友爱、好学、阅读、运动、才艺、自律等七个方面,每项均有相应的评价标准。每周由班主任、学科教师和学生家长依据评价标准,对学生一周来的各方面表现进行考核评价,并在学校统一印制的"多元化评价记录册"上相应表格中盖印奖章,每月根据获得奖章数量的多少评选出"班级之星",在此基础上,学期末再由班主任推荐"班级之星"参加"校园之星"评选。第二阶段为"8+X"评价方式的探索。为增强评价过程的操作性和评价结果的激励作用,在广泛征求教师和家长意见的基础上,我们对"七彩阳光"评价方式进行了改进,评价内容由原来的7项细化为"8+X"项,即语文、数学、英语、运动、才艺、文明、劳动、进步,并增设了由学生自主申报的个性化项目,由不同学科教师根据学科特点和班级实际情况,拟定评价标准,自主实施,同时变"多元化评价记录册"为每个班级一张的"'8+X'多元化评价表",让评价方式更简便、有效。我们希望通过这种评价方式,让教育评价真正发挥其激励导向功能,让每个学生的优秀表现都得到肯定,力求每个孩子在成功的体验中获得自信,从而健康、快乐成长。

(三)课堂教学方式逐步改变

以自育自学实验和生本教育理念为指导,在部分班级开展了引导自学型课堂教学模式探究,重点进行小组学习方式实效性研究,形成了小组学习的有效策略,为实现课堂教学方式的根本转变积累了宝贵的经验。

四、校本活动课程建设成效

为全面了解校本活动课程开发的效果,学校先后面向全体学生及家长开展了两次问卷调查活动,调查结果统计分析如下。

(一)家长十分支持多元评价活动

由图1可知,90.7%的家长觉得学校实施的多元评价活动"很好",表示"愿意支持"这项工作,表明绝大多数家长理解并支持学校的做法,同时反映出此项工作对孩子的发展起到了令家长满意的效果。家长的支持和参与是学校深入推进多元评价改革,引导学生个性化发展的重要基础。同时,我们也发现有9.3%的家长对多元评价方式不够了解和支持,这是今后学校在加强家校沟通方面的重要内容。

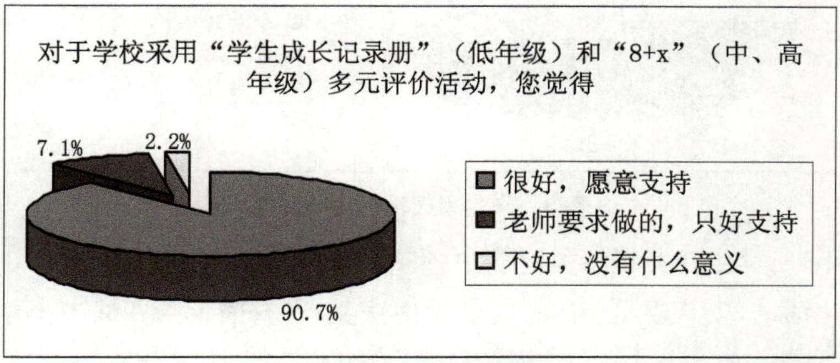

图1 多元评价活动反馈

(二)校本活动课程深受学生喜爱

由图2可知,对于学校开设的校本活动课程,96.2%的学生表示喜欢(71.7%)和认可(24.5%)。这表明活动课程的开设很大程度上满足了广大学生的需要和喜好。

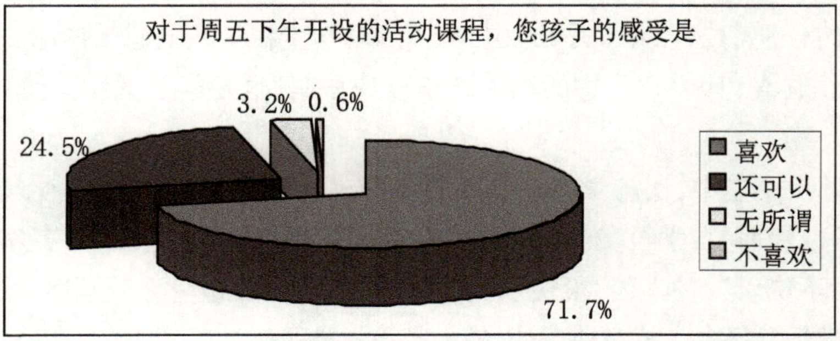

图2 校本活动课程情况反馈

(三)多数学生兴趣爱好得到培养

由图3可知,除文化课学习外,有27.6%的学生有两项或两项以上的兴趣爱好,有46.9%的学生有一项兴趣爱好,即有74.5%的学生至少有一项兴趣爱好,并得到培养。这表明建立多元评价体系和开设学生选修活动课程,对培养学生兴趣爱好有着重要的意义。

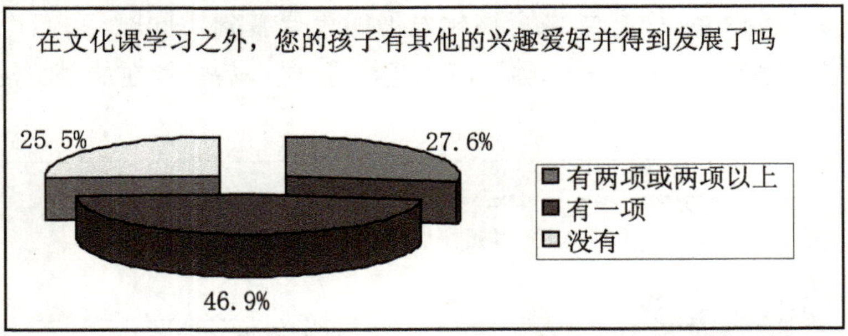

图3　学生兴趣爱好情况反馈

一年来,学生在各级各类竞赛中频频获奖。其中,在第九届全国少年儿童书信文化活动(安庆赛区)中有11名学生获奖;在安徽省第四届中小学生展演(艺术作品类)中,舞蹈《寄一缕清清黄梅风》荣获三等奖,3名学生的艺术作品获奖;在市运动会、邮票设计、英语才艺、读书活动、科技创新、绘画及交通安全知识比赛等活动中,有36名学生获奖;在区小学生主题讲故事、征文比赛、棋类比赛、运动会等活动中有47名学生获奖;有12名学生在《少年博览》《安徽青年报》《安庆集邮报》《青少年文汇》等报刊发表文章。

(四)增强了学生对学校的归属感

我们分别于2012年6月和2015年6月对学生在学校的感受向家长进行了一次问卷调查,其中,对“您的孩子在学校快乐吗”这一问题的结果统计如图4所示:

在两次调查中,实施学生多元发展评价改革前,有1.8%的学生觉得在学校“不快乐”,然而,自学校实施“尊重差异,多元发展”教育改革后,只有0.4%的学生觉得“不快乐”,在学校“很快乐”和“快乐”的学生数量呈上升趋势,表明越来越多的学生觉得在学校是快乐的,越来越爱学校了。

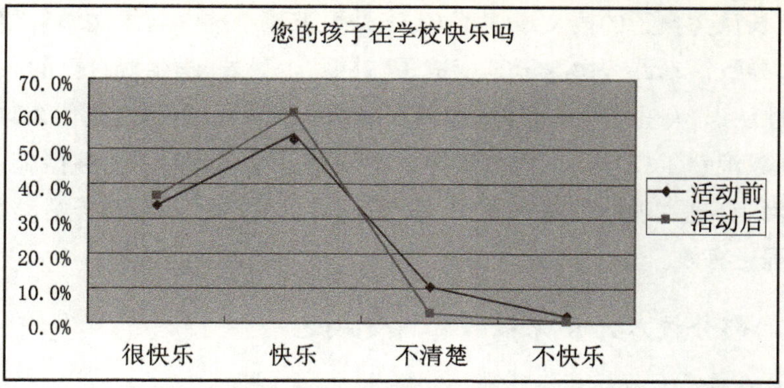

图4 学生快乐度情况反馈

(五)促进了教师专业成长

在参与课题研究中,教师的教育理念、科研水平得到很大提升,有多人在各级各类教学技能竞赛和论文评选等活动中获奖,一些人多次在市、区会议上进行成果分享交流和报告,促进了教师的专业成长和提升。近三年,有1人获"安徽省优秀教师"称号,1人被评为市"学科带头人";在省市级论文评比中,有38篇文章获奖,13篇文章在CN刊物或省内统一发行的专业刊物上发表;在各级教学竞赛中,1人获省级一等奖,9人分获市级一、二、三等奖,14人获区级奖。

(六)学校美誉度得到提升

此项活动有效践行了"尊重差异,多元发展"的办学理念,在周边地区产生了积极的影响。《安庆日报》、安庆电视台等地方主流媒体多次报道我校校本选修课程的实施情况;《安庆师训》(2015年第2期)就我校办学理念专门约稿,共发表5篇文章,对学校开展多元评价和开设校本课程等情况进行了宣传;岳西、怀宁、大观等县区学校领导访校期间都对我校的内涵发展给予了高度评价;2013年和2014年,学校均荣获开发区教育综合评估优秀奖(小学仅两个名额)。

五、课程建设的反思

(一)校本活动课程设置没有完全尊重学生意愿

部分家长误解了校本活动课程的意义,没有尊重学生的兴趣发展需求。例如，有家长认为孩子的语文成绩不好，于是要求孩子选学与语文学科相近的活动课程，导致活动课程由“扬长”变成了“补短”。另外，学生对自己的兴趣爱好缺乏理性认识，有些学生盲目跟风，别人选学什么课程，自己也选什么，这种“被兴趣”现象浪费了校本活动课程资源。学校将采取必要的引导性措施，通过学生自下而上、自主理性的选课方式，适当设置一些技能型、情趣类活动课程，让活动课程更有效。

(二)部分校本活动课程师资力量缺乏

教师的特长不能满足学生的兴趣需求，导致教学内容和形式不够丰富。学校将针对学生的兴趣需要，结合教师的个人意愿，对相关教师进行业务培训，或者利用社会资源，聘请社会专业教师来校指导或授课。

(三)多元评价实效性不够

部分教师对评价标准的理解主观随意，强调学业成绩在评价内容中的权重，难以体现学生的综合素质。另外，评价不及时，或者实施评价的时间随意化，致使评价的时效性不够，没有发挥好多元评价的激励功能。需进一步完善多元评价机制，丰富评价内容和形式，探索建立学生个性化发展评价电子档案。

(四)学生活动缺乏系列化

学生活动零散，缺乏系统性和延续性，形式和内容较单一，活动效果不明显。学校将探索举办校园文化节，融读书节、科技节、艺术节、体育节于一体，将活动课程系列化，让活动有固定时间、有丰富内容、有评价结果，强化实践育人。

综合实践活动课程区域常态化有效实施

李　锐[①]

近年来随着素质教育发展的不断深入，依据综合实践活动课程指导纲要，结合区域教育教学实际，合肥市蜀山区教育体育局按照国家设置、地方管理、学校开发的原则积极开展了综合实践活动的教研工作。作为一门国家设置的必修课程，综合实践活动主要基于学生的直接经验，密切联系学生的生活实际，因此在课程教育教学活动中没有固定的范式。我区十分重视综合实践活动课程体系的构建，在不断地探索中总结经验，以课程改革为重点，构建有效教研的新途径。经过几年不懈的努力，我区对"课程研发、课程管理、课程实施、课程评价"等方面进行了整体设计和规划，通过行政推动、教研带动推进了我区综合实践活动课程区域常态化有效实施。

一、培养专职教师，壮大综合实践队伍

综合实践活动作为一门新兴的课程，在发展上受到经验不足、专职教师缺乏的限制。我区自2009年起每年举办综合实践活动学科教学基本功大赛，鼓励各校积极培养综合实践活动专职教师。经过几年不懈的努力，我区现在已经有了一支相对稳定的综合实践活动学科教师队伍。我们要求各校三至六年级每个年级安排一名教师组织研究性学习活动，由4~5人成立一个综合实践活动教研组，定期开展校内教研活动。

我区通过大量的综合实践活动教育教学研修活动，再结合各校的实践特色，选拔和培养了一批综合实践活动骨干教师。骨干教师通过不断的学习调研，积极带动我区的综合实践活动教研工作，并发挥他们的带头引领作用，促进

① 李锐，男，本科学历，合肥市西园新村小学教师，合肥市蜀山区教育体育局综合实践活动兼职教研员。主讲课程：小学数学，小学综合实践活动。

了我区学科专业队伍和兼职队伍的发展,使我区综合实践活动教育教学力量不断加强,形成了一支专业知识过硬的综合实践活动教师队伍。

二、外出调研,他山之石可以攻玉

近年来,我区多次组织各校骨干教师外出参观学习。2010年6月,由区综合实践活动教研员带队,带领骨干教师参加了在广州番禺区举办的全国基础教育课程改革综合实践活动第八届研讨会及观摩活动。活动中,全国的综合实践活动专家对综合实践活动课程建设提出了自己的见解,也传递了一些综合实践活动的成功经验。参观番禺区的两所综合实践活动示范学校,开阔了我区教师的视野,使他们对综合实践活动的软硬件教育教学有了新的认识。通过学习,教师们对综合实践活动课程的框架有了更清晰的认识,对综合实践活动主题的选择有了一定的想法,特别是对综合实践活动课程的认识更加深刻,这对我区今后开展综合实践活动课程研究有很大帮助。

2012年,我区综合实践活动骨干教师远赴成都参加了全国的信息技术教学研讨会。骨干教师通过聆听专家讲座,观摩教学课堂,开阔了眼界,打开了思路,对综合实践活动课题研究有了新想法、新思路。会后,各位与会教师从不同角度写出了几千字的学习体会,把自己的所感所想及时记录下来,并通过汇报展示的方式与其他学校教师交流观点和看法,在切磋中提高认识。他们将外出学习获得的知识变成了为我区所用的真经,运用到综合实践活动教学中。

对于如何有效进行综合实践活动课程教学,我们采取了"走出去,请进来"的方式,用其他有成功案例的地区的经验指导我区的学科建设,这无疑是一种好的办法。

三、多样研修,探索发展

2007年,合肥市小学综合实践活动研讨会在合肥市安庆路第三小学隆重召开,这是我市围绕小学综合实践活动课首次召开的专业学科研讨会。我区教师钱梅娟有幸受邀讲授四年级综合实践活动课"我的家乡——合肥"。钱梅娟老师创造性地利用教学资源包,带领安居苑小学四(3)班的学生就合肥的风景名胜、古今名人、地名文化、特色风味等进行了调查与走访。安徽省教科所教研员许晓红老师、合肥市教育局教研员刘学山老师分别站在新课程改革的前沿对钱梅娟老师的这节课进行了精彩的点评,他们一致认为这是一节立足于课程、立足于实践、立足于活动的优秀综合实践活动课例。

2011年5月,安徽省教科所教研员许晓红一行来到蜀山区黄山路小学调研综合实践活动课程开展情况。合肥市教育局教研员刘学山,蜀山区教育体育局教研室主任王瞻权、教研员王慧珍,蜀山区各中小学分管教学领导、综合实践活动课教师参加了调研活动。就学校对综合实践活动课程实施的组织管理、师资培训等具体措施和做法,综合实践活动课程实施方案的制定与落实情况,主要内容与课程资源的开发等,调研组对黄山路小学开展综合实践活动课程情况做了全面深入的调查,并给予了高度评价。

2011年6月,合肥市综合实践活动课程现场会在我区西园新村小学举行。西园新村小学以"还素质教育的空间与时间"为题,从创新综合实践活动的四个方面——特色化、常规化、课程化、教材化,详细阐述了该校丰富多彩的创新综合实践活动。为了更好地落实校本课程的教学目标,该校还成立了校本教材编写委员会和编写小组,开发了《小学生安全教育》《心理健康教育》《小学生礼仪手册》《综合材料创意制画》《话说咱合肥》《少儿形体训练》等系列校本教材。与会领导对蜀山区和西园小学综合实践活动课程的开展和探索给予了充分的肯定。

2011年10月,金湖学校组织综合实践活动课教师开展研讨课活动。活动在小学部四楼多媒体教室举行,盛爱荣老师、李惠敏老师、马明明老师分别讲授了"卡的研究""我帮爸爸妈妈做家务""我长大了"三节综合实践活动课。三位教师结合地方特色和学生实际能力,以综合为特征,以实践为核心,以活动为载体,引导学生自主策划、设计、组织学习活动,培养学生的创新精神和实践能力。

2012年至2013年,我区还多次组织教师参加蜀山区和合肥市的优质课评比及教科研等活动,并取得了优异的成绩。

四、课程理论,深入发展

(1)近年来,随着我区综合实践活动课程理论的不断深入发展,综合实践活动课程逐渐由模式化教学转为常态化教学。我区各个学校依据自身的特色开设了综合实践活动课程,使课程理论逐渐成熟,其课型包括主题生成课、选题指导课、方法指导课、中期交流课、问题讨论课、成果展示课等。综合实践活动课程内容上涵盖了研究性学习、社区服务和社会实践、劳动技术教育、信息技术教育等方面。

(2)支持教师开展活动,有效推进课程实施。2012年,我区在黄山路小学举行了综合实践活动优质课展示活动。黄山路小学贾贤俊老师和孩子们一起上了一节“探访合肥”的成果展示课。此节课也是我区展示综合实践活动课教学成果的一次窗口教研活动,反映了我区在综合实践活动课程研究上的探索和发展,受到与会教师的一致好评。

2013年,我区骨干教师参加了合肥市教育局举办的义务教育阶段综合实践活动课程教学研讨活动。会议中,合肥市各县区汇报交流了各自的综合实践活动课程发展情况,我区教研员王慧珍也做了精彩的经验交流报告。此次经验交流活动为我区骨干教师提供了一个学习提高的机会,指导他们在推进课程发展方面积累经验,使他们受益匪浅。

(3)及时反思,加强研究,推进课程高效实施。首先是加强学习,利用培训、课题研究等机会,学习先进的教育教学论、课程论、学科教学论等,不断丰富自身的理论素养,提高课程实施的综合素质。其次是增强创新意识,灵活使用多种方法和手段,积极借助现代教学媒体,创造性地实施课程,以提高单位时间的教学效益。结合综合实践活动课程特点,用现代教学手段激发学生自学质疑的热情,搭建交流展示的平台,丰富互动探究的资源,增强精讲点拨的实效,扩大课堂信息的容量。

(4)组织好教研活动,为教师的专业成长提供服务。在各校领导的重视下,通过各种学科专业培训,我区一支综合实践活动的骨干队伍已经初步形成。为给更多教师提供学习机会,我区近几年开展了有声有色的教研活动:多次组织各校骨干教师参加各级各类教研活动,通过评比课、展示课、听讲座、评课等活动,让各校的骨干教师得以迅速成长,为我区综合实践活动学科教学奠定了基础。

五、课题研究,行之有效

我区是合肥市的教育强区,一直以来都十分重视课题研究工作,各个学科均顺应素质教育和信息技术教育的要求,积极开展学科课题研究。综合实践活动作为一门新兴的课程在课题研究方面很多都是空白的,作为其他学科的融合、拓展和延伸学科,我区综合实践活动课题研究也在不断地发展中。

“十一五”期间,我区开展了“信息技术环境下优化课堂教学研究”课题研究。该课题是区教育体育局与华东师范大学联合申报的国家级重点课题,自2012年立项以来,全区各实验学校围绕这一课题,分别确立了符合学校发展的子课题并付诸实践研究。区教育体育局成立子课题指导组,积极推进这一工作,课题研究取得了一定成果。

依据教育信息化十年发展规划整体要求,围绕教育改革发展的中心任务,坚持信息技术与教育教学实践深度融合的核心理念,合肥市教育局装备电教中心于2013年申报了全国教育信息技术"十二五"规划重点课题"市级教育云平台的建设与资源共享研究"。我区深入推进该课题研究工作,各校积极开展子课题研究,目前课题研究正在开展中。

综合实践活动课程如何更好地顺应素质教育和信息技术教育的需求,一直是我区综合实践活动课题研究的主要方向,进行学科的融合发展也是我区综合实践活动努力的方向。

六、基本功大赛,成果显著

为了有效推进综合实践活动课程实施,我区十分重视课程建设和教师队伍培养。结合我区每年开展的青年教师基本功大赛活动,自2010年开始,综合实践活动青年教师基本功大赛在区教育局的号召下在各校引起了强烈反响。很多学科教师积极主动参加评比,活动气氛高涨。在综合实践活动以赛促研的氛围下,我区涌现出一批优秀的综合实践活动教师。

近几年,我区综合实践活动青年教师基本功大赛分两轮进行。第一轮是学科专业知识理论比赛,主要考查教师的专业知识素养、学科教学理论及学科教学策略水平。通过第一轮的理论考试,我区教师能够更好地掌握和理解新课程理论知识和学科专业知识,从而在一定程度上提高了我区综合实践活动教师的专业素养,可以更好地进行学科理论建设并指导实践。

第二轮主要是限定主题内容的现场教学和无生上课及说课等比赛。由于综合实践活动课程不像其他学科课程有规定的教材及教学内容,我们只能给参赛教师一个课题内容,让他们围绕主题自己开发课程内容,设计教学形式及教学课型,这对我区教师来说是一个极好的学习和锻炼机会。在有限的准备时间内设计课型、准备课件、组织学生进行教学,对青年教师来说是一个挑战,给他们压力的同时,促进他们在学科建设中尽快成长。

教学比赛采用同课异构、开放教学的思路,学科教师可以随意听课。比赛中,无论是教学环节的主导思路,还是教学创新理念,都得到了教师们的赞赏,呈现出别样的精彩,实现了"一人讲课,多人受益",促进了我区更多教师综合实践活动教学能力的提高。

通过近几年的综合实践活动青年教师基本功大赛,我区各校都涌现出不少优秀教师,他们的成长代表了我区综合实践活动师资力量的提升。其中,我区黄山路小学的贾贤俊、西园新村小学的李锐、望龙学校的郑莉、安居苑小学的蔡玉等都是在比赛中成长起来的优秀教师。通过以赛促研活动,我区综合实践活动形成了主题生成课、选题指导课、方法指导课、中期交流课、问题讨论课、成果展示课等课型。由此可以看出,综合实践活动的教学评比对我区综合实践活动教师培养的意义是巨大的。

七、优质课评比,硕果累累

2012年,我区综合实践活动优秀课程资源和成果喜获6个一等奖和1个二等奖。安徽省综合实践活动优秀课程资源和成果评选每两年举办一次。评选内容包括课程实验研究报告、论文、课例、教学设计和结合学校实际开发的校本课程等。我区黄山路小学报送的论文《合理开发利用课程资源　有效开展综合实践活动》和课例《探访合肥》,西园新村小学报送的教学设计《小发明　大天地》,以及西园新村小学、黄山路小学、香樟雅苑小学报送的校本教材《话说咱合肥》《国防教育》《鸟——我们的朋友》获得一等奖。

2013年,合肥市综合实践活动优质课评比活动在我区顺利开展,我区负责承办了二轮比赛。我区选拔的四位综合实践活动骨干教师,在此次评比中凭借扎实的教学功底取得了优异成绩。

八、各校开展综合实践特色活动,展现风采

(1)合肥第五十中学:依托社团有效开展综合实践活动。

合肥第五十中学综合实践活动课程资源的开发呈现多样化,成立各种社团,主要有:篮球社、足球和手球社团、啦啦操小组、民乐社团、合唱团、国画社、动漫社、书法社团、信息学社、机器人社、技动手做小组、航模社团、文学社、模联社团、生物社团、地理社团。

(2)西园新村小学:课程超市、快乐周末、校本教材,展现学校特色。

西园新村小学每周五下午开展快乐周末活动,把时间交给孩子们,让他们自己选择喜欢的课程。课程涵盖音乐类、舞蹈类、球类、科学DV、摄影、十字绣、美食制作、插花剪纸类等等,丰富多彩,深受学生喜爱。学校还组织教师编写校

本课程《小学生安全教育》《心理健康教育》《小学生礼仪手册》《综合材料创意制画》《话说咱合肥》《少儿形体训练》《安全的翅膀》等。

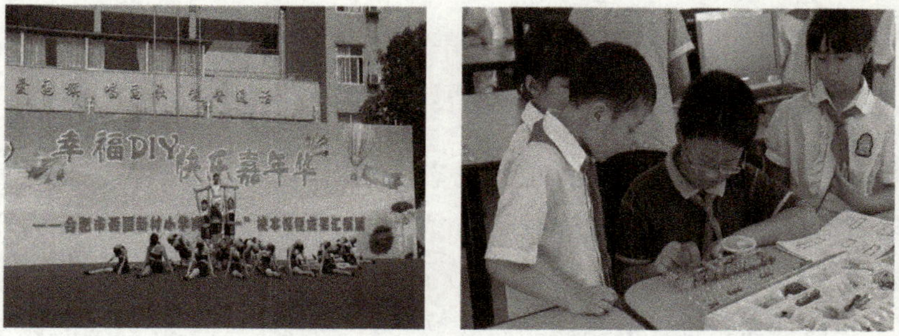

图1　西园新村小学“课程超市”

(3)黄山路小学：围绕国防特色，开展系列主题实践活动。

黄山路小学紧临中国人民解放军陆军军官学院和中国人民解放军电子工程学院。建校二十多年来，学校依托两学院开展了形式多样的军民共建活动，如磨炼意志主题系列活动，学英雄、祭英烈主题活动，学习军事知识，国防游戏进校园活动等。

(4)稻香村小学：三节一营，展现特色。

稻香村开展“三节一营”活动、“快乐选修课”活动、“少年军校”活动、经典诵读课程、“乒足双球”课程等，形式多样。

(5)新城学校：击剑文化，亮剑新城。

新城学校是一所特色学校，提出“将击剑体育运动作为学校特色创建的突破口，锻造击剑文化，提升办学内涵；把击剑体育活动纳入学校整体规划，作为学校的特色认真打造，以推动学校各项工作顺利展开”。

图2　新城学校“击剑文化”

当然，我区还有很多学校的综合实践活动开展得有声有色，不少学校都结合自身的区域和文化特色打造了属于自己的综合实践活动特色文化。这反映出我区综合实践活动开展得很有成效，在给学生更多发展空间的同时，综合实践活动课程本身得到了长足的发展。

九、我区综合实践活动课程发展思路

我区综合实践活动课程已实现“常态实施”，而要从“常态实施”到“有效实施”，还需加强“校本教研”的指导研究。为此，我区还得从以下几个方面开展有效的教研活动。

(1)区教研室层面的教研规划。区教研室要加强综合实践活动的课程理论建设，密切关注课程理论在各校的实施，定期召开教学研讨及骨干教师的联系会。根据综合实践活动课程的性质和特征，教研室要构建“主题活动”设计模式的常态指导，对主题、课型等进行模式化、常态化指导。

(2)省、市级层面的教研活动。要密切关注综合实践活动课程理论的发展动态，组织骨干教师积极参加省、市级及国家级的教学研讨活动，多学习和吸收优秀的教学经验和教学方法，结合我区实际创设我区的特色化教学模式。

(3)学校层面的教研活动。各校要重视和加强综合实践活动课程建设，从思想上和行动上加强课程体系建设，积极培养综合实践活动专职教师，在现有的特色教研活动基础上，围绕“怎样选题、怎样教研、怎样评价”等校本教研活动，不断提高自身综合实践活动校本化开发和实施水平。

依托多样资源，构建校本课程

陆晓波[①]

课程标准中明确指出，要引导学生利用广泛存在于学校、家庭、社会、大自然、网络和各种媒体中的多种资源进行科学学习，将学生的学习置于广阔的背景之中，帮助他们不断扩展对周围世界现象的体验，并丰富他们的学习经历。因此，教师应树立正确的课程资源观，合理地利用和开发身边的资源，建立一种开放的教学体系，全面提高学生素养。

综合实践活动课作为新一轮基础教育课程改革中应运而生的新型课程，其内容是开放的，国家没有统一教材。各地依据课程指导纲要并结合地方特点，编写适合本地特色的综合实践活动资源包，如我们安徽省教育科学研究院编写了一套《小学综合实践活动》资源包。即使这样，笔者认为，该课程实施状况因地区不同、实施者不同，实施效果也不同。所以，强化本课程的课程意识，明确它的独特价值，加强执教者对课程的认识，关系着本课程实施的最终效果。

综合实践活动课作为我国基础教育的必修课程，其内容包括：研究性学习、社区服务与社会实践、劳动与技术教育、信息技术教育。小学阶段的研究性学习要充分尊重小学生好奇心强、求知欲旺盛、对身边问题有浓厚的探究兴趣、擅长形象思维、想象力丰富、探究活动充满游戏色彩等特点，让学生在体验与创造中学习，使学习充满探究的快乐，并让学生在探究生活中融入生活、热爱生活。这里的尊重、探究不是教师的放任，教师应考虑本地区、本校、学生的成长环境等特征，合理利用该地区资源（包括现有的课程资源）自行开发出适合本校学生的校本课程。同时，校本资源开发者要注意本课程与其他学科课程价值的区别。综合实践活动课程的目标是让学生增加各种不同的学习、生活体验，与活

---

① 陆晓波，男，本科学历，合肥市裕兴学校高级教师。主讲课程：小学语文，小学综合实践活动。

动课类似,但并不等同于一般的活动课。综合实践活动课非常强调主题,讲究合作、探究能力的培养,而一般的活动课相对较为简单。也就是说,综合实践活动课程与其他课程相比,更重视学生的探究与体验,它的整体性、开放性、实践性、自主性等课程特性决定了它高于其他课程。

下面就合肥市裕兴学校开发小学综合实践活动课程资源的情况进行介绍。

一、突出学生主体地位,引导学生主动发展,合理开发课程资源

课程资源的开发首先应考虑学生,根据他们的兴趣和爱好,结合综合实践活动课程的特征,面向每一个学生的个性发展。课程开发要面向学生发展,就要尊重学生,尊重他们的兴趣、爱好,发挥他们的自主性。如何才能体现学生的主体地位呢?我校使用的是安徽大学出版社出版的《综合实践活动》资源包,每册分四个单元,每个单元围绕主题知识层层深入。我校位于合肥市瑶海区,是合肥老工业区,又位于城乡结合处,课程设置上,依据地区特点,以学生的直接经验或体验为基础,将学生的需要、动机和兴趣置于核心地位,充分发挥学生的主动性和积极性,并利用家长会、班队会,倾听学生及家长的想法与要求,以适合他们的需要为基本点。只有这样,才能有针对性、真正地唤起学生对知识的渴望,才能发展他们的个性。《综合实践活动　三年级上册》第二单元的主题是“纸的世界”,我根据教材上提供的内容,自编了“剪纸”一课。“剪纸”课的教学目标是:①简单了解我国民间传统的剪纸工艺;②学会剪出单色对称图案的团花和花边;③用剪出的团花和花边装扮自己的教室。教学重、难点:学会剪出单色对称图案的团花和花边。为了激发学生的制作兴趣,我先和学生一起欣赏团花、花边作品,并引导学生思考:这些作品有什么特点?做什么用?曾经在哪见过?进而介绍剪纸。还可以引导学生根据“奥妙卡纸”上提供的网址,查找、学习剪纸小常识。学生们通过前期准备、查阅资料、向有经验的老人学习,不仅知道了什么是剪纸,还能亲手制作出精美的作品,锻炼了动脑动手能力。接着,为了让学生了解纸的来历,设计第二课“参观造纸厂”。我们学校毗邻合肥市造纸厂,一些学生家长在造纸厂上班。我设计出一份调查报告,让学生通过参观、查找资料等方法完成报告,并在课堂上交流,此举教会了孩子们如何写调查报告。最后,设计第三课“为了我们的家园,节约用纸”。通过学习,学生了解了纸的用途,知道节约用纸,从我做起,从现在做起,并密切注意自己身边的一些不良行为,提高了环保意识。

在综合实践活动课里,教师的角色从"知识的传授者"走向"学习的引领者"。既然我们是"学习的引领者",那么在选题方面,我们要尽可能引导学生选择一些与自己有联系,贴近自己生活,看得见、摸得着,便于实践的课题。我们要引导学生先从小的、容易的课题入手。在开发课程资源上,我们应从身边入手,慢慢培养学生的观察和分析能力,随着他们能力的不断提高,再慢慢引导他们对知识进行不断的探索和研究。

二、结合学校、社区特色,积极挖掘校园、社区资源进行开发

在课程开发中,学生生活的校园、社区是一块很大的天地。孩子们每天在这里生活、学习、游戏,这里也蕴藏着无数的资源,只要我们用心观察、用心感受就能发现。当然,仅仅靠我们教师去观察是不够的,更重要的是激励学生观察自己周围的事物,发现问题,引出课题。在开发校园、社区资源方面,我结合学校、社区特点及实际情况,开发了一系列的课程。例如,针对六年级上册第二单元"兵器趣谈",我结合我校原属于合肥钢铁公司子弟学校的渊源,设计了"合钢,撑起合肥工业的脊梁"一课。教授这一课时,我请来钢南社区居委会领导,让她们在开展退休党员活动时,将会场搬到学校课堂,让那些老工人、老党员向同学们介绍合肥钢铁公司的历史,介绍当时艰苦的条件下如何生产钢铁,以及为我国社会主义建设所发挥的巨大作用,由此激发学生的学习热情。真实、生动的例子是最好的教科书。针对第三单元"爱我安徽",我结合大兴集附近的"李鸿章享堂",设计了"安徽名人——李鸿章"一课。我让学生带上笔和纸,去"享堂"参观,听讲解员讲解,做好记录,写好调查报告,培养学生的语文综合能力,同时,让学生走近李鸿章,了解这位中国近代史上的名人,激发学生热爱祖国、热爱家乡的感情。

在课程开发中,校园资源的开发与利用很重要。只要我们细心观察、用心感受,就不难发现很多资源。历史传统、文化背景、所处的地理环境等因素决定了每一所学校与其他学校在办学思想和风格上都是不一样的。我校原属于合肥钢铁公司子弟学校,校园里虽没有华丽的建筑,但有自己的特色与人文底蕴。学校绿树如荫、硕果累累、花团锦簇,综合实践活动的资源开发也应该是千姿百态的。因此,我结合我校特点及实际情况进行体现我校特点的课程开发,如"我爱学校"。本节课主要抓住课题中的"爱"字,通过学生自己介绍校园,让学生体会到学校环境美、荣誉多,值得我们爱。在此基础上,升华学生的感情,

使学生懂得可以通过多种方式来表达对学校的爱。最后以歌传情,升华主题。调查方式是实地观察,查找有关资料,自主选择调查对象进行调查。活动成果的形式包括习作、图画、相片、歌唱,以及谈经历体验和心得体会等。这节课的教学目标是让学生爱校如家。

通过上面的课例,学生的校园活动得到了延伸,更重要的是学生能够走向社会,观察社会,了解社会,从而有利于他们品德和能力的培养。

三、关注学科整合,合理开发课程资源

综合实践活动的内容涉及四大领域,即研究性学习、社区服务与社会实践、劳动与技术教育、信息技术教育。我们除了将规定的四大领域内容进行整合加工外,还要从其他学科中挖掘课程资源。在具体的课程整合中,所确定的主题必须注重实效,有助于学生学习,实现"主题"目标与相关学科知识的学习和应用的有机结合。例如,"气象与生活"一课,是整合科学学科设计的课程,是我根据六年级上册教材第一单元"空气、土壤"开发的。该课程的活动目标是:①在活动中开阔学生眼界,增强学生在学习中观察、分析自然的能力,树立自主探索的意识,培养学生热爱科学、热爱自然的情感。②通过活动了解气象对人们生活的影响,知道如何适应不同的气候特征,以及有效地利用自然资源为我们服务。③学会用多种方法进行调查研究,在分析问题、解决问题、探索研究的过程中,加深学生对气象与生活关系的进一步了解。

例如,与品德、语文、数学学科整合设计了"孝顺"一课。这是我根据三年级上册教材第三单元"我爱我家"开发的课程。知识目标:教育学生留心周围的人和事,学会观察,学会发现,学写观察日记和体验日记,学会以写信等方式表达自己的情感,从而有力地促进学生听说读写的语文综合能力,并与数学的统计方法、科技的手工制作、绘画、音乐等内容有机结合起来,注重学科与社会的沟通,学科与学习者的内在统一,建构一个开放的知识体系。情感目标:让学生认识到孝顺是中华民族的传统美德,从小就应该尊敬、热爱、关心长辈,并懂得知恩、感恩、报恩。能力目标:培养学生的表达、动手实践、开拓创新等各方面的能力。

实践证明,通过学科整合开发课程资源,我感到综合实践活动是个大课堂,这里有我们取之不尽的素材,只要我们深入进去,不仅能解决我们课程资源不足的问题,还能全方位地培养学生的能力与素养,使学生更灵活地运用所学

知识。

四、时代的需求，网络化成为开发资源的助推器

网络是21世纪人类的又一个“大脑”。开阔学生的视野，是我们每一个教育工作者不可推卸的责任。现在，很多学校都建立了校园网，家庭电脑的日益普及，为我们的工作、学习、生活提供了方便。互联网上，关于综合实践活动课的资料及相关网站非常多，我在教学中就多次利用网络资源来确立主题。

例如，设计了“压岁钱我们该怎么花”一课。这是我根据五年级上册教材第三单元“做理性消费者”开发的课程，也是我看到网上的一篇案例《怎样分配我们的零花钱》受到启发开发的。看到这篇案例的时候正值新学期开学不久，于是我就想到，刚过完年，学生余下了一些压岁钱，何不借鉴这个课题开展一次这样的活动呢？活动目标：①通过实践活动，使学生初步掌握统计分析调查问卷的方法和技巧。②统计调查问卷并分析，提高学生发现问题、分析问题、解决问题的能力。③在活动中学会交往与合作，促进学生良好个性的发展。

通过这节课的学习，大家学会了怎样统计数据，并懂得从问卷调查的统计数据中发现问题，提出自己的建议。我让学生制订零花钱计划表，设计“送给父母一件小礼物”“给贫困同学送只笔”“给贫困同学买本《新华字典》”“给自己买本好书”等活动。这次课程不仅培养了学生勤俭节约的好习惯，还教育学生学会关心他人。这节课让我深深意识到，灵活借鉴网络资源，积极探索开发适合本校特点的课程十分重要。

以上是我校在综合实践活动课程资源开发中的一些经验，做法还不成熟，有待改进，还有太多内容值得我们去探究。但我坚信，只要我们走在这条路上，为学生着想，不断探索、不断实践，我们的路就会越走越宽、越走越远。

在创新中整合，在实践中提升

王昌余[①]

实施课程改革是推进教育领域综合改革、提高教育质量的有效载体和途径。近年来，合肥市庐阳区立足区情，精心谋划，不断推进课程改革，基本构建了“国家课程校本化、地方课程个性化、学校课程特色化”的课程体系。其中，综合实践活动课程的全面落实和有效实施，为庐阳学子提供了更为广阔的学习舞台，全面提升了庐阳学子的综合素质。

一、落实课程计划，让综合实践活动课程步入区域性常态化轨道

2001年，国家启动了新一轮基础教育课程改革，将综合实践活动课程列为中小学3—9年级的必修课程。庐阳教育人积极探索，勇于实践，在失败中反思，在反思中总结，在总结中寻找突破，初步形成了具有自身特色的综合实践活动推进策略。

（一）《意见》保障，让课程实施成为制度。

2011年初，庐阳区在合肥市率先制定了《义务教育阶段综合实践活动课程实施指导意见》（以下简称《意见》），从指导思想、组织架构、课程管理等方面对全区综合实践活动课程的开设、推进、评价提出了刚性要求。同时，成立区域性综合实践活动课程实施领导小组和实施指导小组，统领全区各中小学综合实践活动课程的组织、指导、检查和考评。

根据《意见》精神，全区各中小学立足校情，充分论证，制定了学校综合实践

① 王昌余，男，研究生学历，合肥市南门小学高级教师，合肥市综合实践活动学科带头人，合肥市庐阳区综合实践活动课程兼职教研员。主讲课程：小学综合实践活动。主要研究方向：小学综合实践活动理论与实践。

活动实施方案，成立了课程领导小组和综合实践活动教研组，从课程内容、实施方式、教师安排、资源建设、师资培训、课程评价、学业评价等方面做出整体规划。各校严格按照安徽省义务教育课程设置规定，3—6年级、7—8年级、9年级每周分别安排综合实践活动课3课时、2课时和1课时(信息技术除外)，排入周课程表，授课教师按课程表上课。每学期开学，区教育体育局都要组织人员对学校综合实践活动课程开设情况进行专项检查，从而保证其进入学校常规课程管理序列。

(二)教研探路，让课程实施扎实有效

课程的发展离不开教研，庐阳区在课程的实施过程中从教研入手，先后通过“主题教研、校本教研、联动教研”等举措，以研促教，以研促改，力争寻找出一条适合区域性发展的综合实践活动推进之路。

1. 主题教研，以点带面

主题教研指的是就日常教育教学存在的富有共性的又难于解决的问题，通过有目的的教学活动来解决，以此促进自我提高和发展的一种专题研究活动。

自新课程改革实行以来，庐阳区每年举办一次新课程改革研讨会。每次研讨会针对一个鲜明的主题，在区域内开展专家访谈、论坛研讨、现场展示、学科讲座等相应的研讨活动。在历届新课程改革研讨会上，大家的智慧交流和思维碰撞，让学校综合实践活动课程研究的目标更加明确，思路更加清晰，问题也得到了有效解决。表1为近几届庐阳区新课程改革研讨会综合实践活动学科主题安排。

表1 近几届庐阳区新课程改革研讨会综合实践活动学科主题安排一览

届别	主题	特色内容	参与形式	参与人员	举办时间
第6届新课程改革研讨会(2008年)	立足课程改革研究,丰富均衡内容	综合实践活动课例展示,综合实践活动课程理论研讨	教学观摩与研讨,课程理论知识讲座	全区校级干部、全体教师	4月12日至5月16日
第7届新课程改革研讨会(2009年)	聚焦均衡,科学发展	综合实践活动课程经验交流,优秀课例展播与评析	课程经验交流沙龙,课程教学经验分享	全区校级干部、全体教师	4月18日至5月16日
第8届新课程改革研讨会(2010年)	课程建设与展望	综合实践名师教学艺术研讨,综合实践活动网络主题论坛	现场教学观摩,专家指导	全区校级干部、全体教师	4月12日至5月14日
第9届新课程改革研讨会(2011年)	关注生成,优化过程	名校长综合实践活动课程管理艺术研讨会,特色教研展示	校长优秀征文展示,特色教研现场观摩	全区校级干部、全体教师	4月6日至5月24日
第10届新课程改革研讨会(2012年)	十年课程改革回顾与展望	校长综合实践活动课程教育思想研讨,十年课程改革综合实践活动典型课例展示	名校长专题报告,名师教学观摩	全区校级干部、全体教师	4月13日至5月20日
第11届新课程改革研讨会(2013年)	学校特色与特色课程	特色学校综合实践活动展示篇,校长综合实践活动特色课堂展示篇	特色办学展示研讨,校长(业务校长)现场教学评比	全区校级干部、全体教师	4月14日至5月17日
第1届学术节(2014年)	提升学科素养,点亮专业智慧	综合实践活动学科讲坛,综合实践活动名师成长之路讲坛及课例展示	学科理论知识专家讲座,名师成长之路微讲座,特色课例展示	全区校级干部、全体教师	4月14日至5月16日
第2届学术节(2015年)	以教学推进课堂转型	综合实践活动校长听评课,综合实践活动高端课例展示	校长(业务校长)听评课评比,高端课例展评	全区校级干部、全体教师	4月13日至4月24日

2014年,庐阳区将课程改革研讨会提档升级,办成“庐阳区教育系统学术节”。学术节内容更丰富,形式更多样,例如,增加了校长和业务校长示范课、校长和业务校长听评课活动等,这些举措旨在引导校长关注课程、关注课堂、关注

课程改革。

2. 校本教研，脚踏实地

校本教研是学校发展的源头活水，也是彰显学校特色的一条重要途径。多年来，庐阳区各校基于校情，围绕学生创新精神、实践能力和社会责任感培养，开展校本教研，形成了具有自己特色的校本教研模式，极大地推动了综合实践活动课程的发展。庐阳区特色校本教研模式如表2所示。

表2 庐阳区特色校本教研模式

学校名称	校本教研模式及主要特点
永红路小学	“模块式集体备课”模式：以“教师备课”为切入点，展现研读教材、分析学情、整合目标、设计教学法的集体备课形式
双岗小学	“同课异构”教研模式：针对“典型课例”进行分析和研磨，呈现不同特色的“方案设计、课堂教学、评议反思、优化设计和具体案例”
安庆路第三小学	“四环节跟进式”教研模式：抓住“磨课”这一有效的教研手段，通过“备课、预设—上课、听课—评课、完善—跟进、再创”四个环节打磨出一批好课
第十九中学	“三环节　双点式”教研模式：三环节分别是预习、展示和反馈，两点指点拨和点评，将学生主体作用和教师主导作用最大化，课堂简洁，注重实效
逍遥津小学	“课堂观察”教研模式：以“课堂结构改革”为研究内容，采用分析量表，以细致科学的课堂观察来呈现问题，进行整理对比、综合分析，提出解决问题的方法和策略
南门小学	“名师发展室”模式：关注国内外教育发展动态，关注教育教学改革，针对学科教育教学热点和难点开展务实、创新、自主的特色研究活动，彰显个人价值，凝聚团队智慧，实现了不同层次教师的发展
南门小学 上城国际分校	“舍予讲坛”教研模式：“舍予讲坛”展示了学科组独具特色的专题研究、合力研究、多维研修方式，呈现了该校在教师分层培养方面的特色做法和丰硕成果

3. 联动教研，独具特色

新课程改革最大的亮点就是开设综合实践活动课程，但在现实中遇到的最大障碍就是推进不力。究其原因，主要是承担综合实践活动课的教师少，城乡学校发展不均衡，研究氛围不够。为了有效推进区域综合实践活动课程发展，庐阳区教研室成立了八个教研片，构建城乡学校联动机制。庐阳区各教研片名称及其组成如表3所示。

表3 庐阳区各教研片名称及其组成

教研片名称	学校组成
中学教研片	第十九中学、第四十二中学、第四十五中学、第四十七中学、第三十六中学、第四十五中学工业区分校、庐阳初级中学、庐阳高级中学、寿春中学
南门小学教研片	南门小学、古城小学、恒盛皇家花园小学、红星路小学、红星路小学北环阳光校区、跃进小学
六安路小学教研片	六安路小学、幸福小学、六安路小学中铁校区、逍遥津小学、逍遥津小学金都华庭校区
安庆路第三小学教研片	安庆路第三小学、永红路小学、六安路小学荣城花园分校、大杨中心小学
淮河路第三小学教研片	淮河路第三小学、新农小学、南国花园小学、四河小学
杏林小学教研片	杏林小学、海棠花园小学、育新小学、钢铁新村小学
双岗小学教研片	双岗小学、新庄小学、五一小学、虹桥小学、岗西小学
南门小学上城国际分校教研片	南门小学上城国际分校、长江路第二小学柏景湾校区、长江路第二小学橡树湾校区、亳州路小学、十张小学

“联动式”教研，实现了由“以校为本”的校内合作，转变为“跨校携手”校际合作的共享共赢发展，让教师个人的“单打独斗”变成了“团队助力”的合作互助发展。“联动式”教研促进了区域有效资源的整合，集体智慧的凝聚，团队精神的熔炼。

二、拓展校外，让青少年校外活动中心成为学生社会实践教育的乐园

庐阳区不断加强对青少年校外活动场所的建设和管理，坚持公益性、普及性的原则，将其打造成拓宽综合实践活动课程，加强青少年学生思想道德建设，推进素质教育的有效载体和基地。

（一）高标准投入，硬件设施齐全

庐阳区原有两个青少年校外活动场所，分别是庐阳区青少年学生校外活动中心和庐阳区素质教育实践基地。庐阳区青少年学生校外活动中心开办于2000年6月1日，是首家被安徽省教育厅授予“安徽省青少年儿童校外教育示范基地”称号的机构。2012年1月，该中心又被教育部列入首批“全国县级示范性青少年校外活动场所”，成为合肥市唯一获此殊荣的青少年校外活动场所。庐阳区素质教育实践基地创办于1999年，是专门为庐阳区中小学生进行素质教育设立的校外活动基地，也是合肥市法治教育基地、合肥市爱国主义教育基地、合肥市科普教育基地。2013年10月，为有效整合、盘活庐阳区现有校外教育资源，充分利用闲置校舍，开发三十岗乡丰富的环境和社会资源，为青少年学生创造更好的校外活动条件，领导专题研究论证，将庐阳区青少年校外活动中心、素质教育基地两家校外教育单位整合，整体搬迁至三十岗乡原合肥市第二十一中学校址，成立新的“庐阳区青少年校外活动中心”。新中心第一期建设投资就超千万元，规划设计合理，硬件设施齐备，功能室一应俱全。高标准改建和扩容，让整个新中心脱胎换骨。

（二）规范化管理，“庐阳模式”特色凸显

庐阳区青少年校外活动中心以“公益办中心、服务青少年”为宗旨，以“动手动脑，培养青少年创新精神、实践能力”为目标，面向庐阳区中小学生开展“一日校外综合实践公益性素质教育活动”，是安徽省唯一一家为广大青少年学生提供素质教育服务的纯公益、全免费的校外活动场所。

该中心根据综合实践活动课程的综合性、实践性、自主性、选择性、兴趣性、安全性原则，结合时代发展需要和学生兴趣爱好，突出“校外”与“活动”，构建了“人与自然、人与社会、人与自我、人与文化”四大课程体系，并创建了劳动实践、科普教育与制作、工艺制作与造型、家政训练、法制教育、国防教育、心理健康教育、安全与健康教育、素质拓展、益智游戏等27个课程模块（参见表4）。各模块依据学生年龄层次特征，分别开设不同主题的活动内容。

表4 庐阳区青少年校外活动中心综合实践活动课程设置一览

类别	课程设置
手工类	传统手工——多彩绳结、风筝、泥塑、剪纸、刺绣、面人、折纸
	创意工坊——石膏脸谱、徽章制作、创意纸杯、花样纸盘、手绘鹅卵石、海报POP、铁丝(电线)创意、立体胸章、百变造型(吸管、气球)、创意纸工(纸盒、纸卷、相框制作、礼品包装)、自制纸(丝网)花
科技类	动态模型——车模、船模、航模
	静态模型——工业模型、建筑模型、生物模型(人体、动植物)、模型梦工厂
	军事科技——野外定向、无线电测向、三军编制、武器装备常识、CS模拟实战、定向军事激光打靶、模拟射击
	生活科技——魔尺(魔方)、飞叠杯、百变环(九连环、孔明锁、华容道)、魔术
生活类	巧女红——百变蝴蝶结、布艺DIY、简易裁剪、毛线编织(自制毛公仔)、时尚花饰
	巧工匠——巧手鲁班、花样雕刻、印刷工坊、维修能手、安全电工
	魔幻厨房——西式糕点(饼干、披萨)、中式面食(饺子、面条、烧饼)、花式饮品
	逃生自救——地震疏散中心、消防逃生、车祸救援、台风应急、溺水救护、营地建设、绳结技术
职业体验类	金融中心——认识货币、珠算、点钞、利率常识、证券知识
	救护中心——急救常识、口腔护理、保健按摩手法、自我保护
	少年法庭——法制教育、廉洁教育、品德训练、辩论技能
	交警中心——交警手势、交通安全教育、模拟训练
	快乐旅行社——组团程序、导游讲解、组织管理技能
	美容美发屋——花样辫式、发型设计、保养护理
传统文化类	曲艺——天津快板、凤阳花鼓、三句半、庐剧、京剧身段、黄梅戏学唱
	民族舞蹈——新疆舞、蒙古舞、藏族舞、朝鲜舞、傣族舞、汉族舞
	国学——礼仪、诵读、汉服、礼仪、节日、茶道
	竞技体育——武术(五步拳、太极剑)、跆拳道、拳击、轮滑
地方课程类(选修)	户外参观——淮河干渠、三十岗乡生态农业园、三十岗乡花卉种植基地、三国遗址公园
	种植体验——挖地、锄草、种植、养殖、无土栽培
	田间护理——探寻春天勃勃生机、感悟夏天酷热农忙、分享农家秋收喜悦、体验林海雪原冬趣
户外活动	拓展运动类——荡桥、独木桥、滚筒桥、钻爬网、好汉桥、攀岩墙、巧走平衡木、梅花桩、云梯、爬杆、蹦极跳床、勇敢之路
	开心娱乐类——欢乐城堡、海洋球、灌篮高手、迷宫、台式桌球、台式冰球
	协调运动类——蛙蛙车、酷鼠滑车、躺式直行车、独轮车
	团队训练类——珠行万里、盲人方阵、穿越电网、红军桥、齐心协力
	DIY动手类——创意拼搭、创意沙画、机械拆装、大型拼搭积木、多米诺骨牌、快速拼图、创意串珠
	电视体感运动——玛丽兄弟、酷极赛车、保龄高手、模拟飞行、坦克大战、推箱子
	三维立体图片展览——恐龙世界、宇宙空间
	传统游戏——钓鱼、弓箭场、套圈、飞环

（三）在创新中发展，社会资源助推新腾飞

庐阳区青少年校外活动中心突破地域局限性，充分挖掘三十岗乡生态、旅游资源优势，拓宽课程资源，创造性地开设了丰富多彩、健体益智的校外教育实践活动，并加强完善青少年学生思想道德教育、艺术体育教育、科普教育的“三个阵地”建设，打造“快乐宫殿、成长乐园、人才摇篮”的品牌基地。2014年年底，合肥市教育局下文，依托庐阳区青少年校外活动中心，共建“合肥市青少年素质教育基地”。2015年4月，市委领导到活动中心调研，对中心优美的校园环境、齐全的设施大加赞赏，并就中心正在申报“全国示范性综合实践基地项目”出现的一些困难现场办公。这些为下一步中心规模的进一步扩大提供了坚实的基础。

三、多点给力，让学校少年宫成为综合实践活动的“升级版”课堂

2011年，中央文明委下发了《关于充分发挥乡村学校少年宫作用　促进农村未成年人思想道德建设的意见》。庐阳区教育体育局把学校少年宫的课程建设和管理纳入综合实践活动课程体系，让学校少年宫成为综合实践活动的“升级版”课堂。

（一）多方支持，场馆建设弯道超越

2011年伊始，庐阳区区委、区政府把实现学校少年宫全覆盖作为一项指标，纳入政府为未成年人办实事、办好事项目，全额拨款推进建设，成立了以区委书记和区长为组长，区文明办和教育体育局主要领导为成员的学校少年宫建设领导机构，建立了由教育体育局牵头，区文明办、财政局参与，区属学校实施，相关部门配合的学校少年宫运行机制。

截至2015年年底，虽然只有短短的四年时间，但庐阳区用于学校少年宫场馆的建设投资就达到了1132万元。先后建起并投入使用的学校少年宫达21所，超过全区学校总和的二分之一，其中斥资357万元重点打造的育新小学和逍遥津小学金都校区两所少年宫，规模大、标准高、设施一流，位居全市前列。

（二）精心雕琢，课程设置精彩纷呈

学校少年宫鼓励家长走进校园当老师，聘请校外优秀教师担任志愿辅导

员,邀请非物质文化遗产传承人、各行业专家给学生授课,形成了学校、家长、街道社区、文化部门共建共享、多点给力的新模式。目前,全区学校少年宫的课程主要包括人文、技能、体育、科学、创意五大类,创设了无土栽培、科学实验、黄梅戏、啦啦操、爵士鼓等40多门趣味课程。五一小学的灯谜和气象、第十九中学的创意美术、钢铁新村小学的木偶剧、红星路小学北环校区的茶艺、第六小学中铁校区的小牛顿科学等一系列课程都成了校本课程的经典范例。

(三)三维评价,独特效果彰显魅力

评价促发展,评价促创新。庐阳区创设了“在学校评价中能够形成制度,在区级评价中能够显现实效,在上级评价中能够典型示范”的三维评价体系,通过“校园展示、区级展评、市级展演”三级立体展示平台,将实物呈现、展板介绍、汇报表演、现场展示、经验交流、论文评选、整体评价等有机结合起来,形成多角度、多侧面的立体展示平台,不仅展示出了少年宫学员的基本素养,也展示出了少年宫辅导员的专业技能和少年宫管理者的高超水平。

目前,庐阳区学校少年宫从无到有、从普及到特色,呈现出与学校文化、学生成长、家庭教育、社会发展相融合的可喜局面。少年宫的建设发展也为那些没有自信的孩子找到了成功的喜悦。古城小学少年宫的非物质文化遗产项目“门歌说唱”,获得合肥市少儿曲艺大赛一等奖;逍遥津小学金都校区少年宫的经典国学“拜师礼”仪式,作为合肥市2013全国思想道德建设论坛参观的首站,被《光明日报》等媒体报道。古城小学的木工社团、育新小学的剪纸社团、逍遥津小学的魔幻厨房等均参加了安徽省中小学幼儿园素质教育成果展,得到了与会领导和来宾的高度赞扬。2014年第15期的《半月谈》杂志以“让留守的暑假不再孤独”为题,深度报道了我区第十九中学、古城小学、五一小学等乡镇学校留守孩子们在学校少年宫丰富多彩的暑假生活。

综合实践活动课程,是一门独具特色的课程,它延伸学校教育,衔接社会教育,是一门不断发展、不断创新、不断生成的课程。综合实践活动课程的有效实施,改变了过去学校教育重视书本、重视知识结果的现象,对于培养学生的创新精神、实践能力和社会责任感有着重要的意义。我们只有从本地区的实际出发,选择适合的区域推进策略,才能不断推进这门课程建设步入常态化、规范化、科学化轨道。

实践新课堂，学生大舞台

杨　蕊[①]

一、基地概况

芜湖市青少年社会实践基地是在原芜湖市第十六中学的地址上改扩建而成的一座现代化青少年素质教育平台。在省市相关部门的重视和领导下，在全体教职工多年的努力下，原占地53亩的老旧园区已经建设成为占地220余亩，风景优美、功能齐全的现代化青少年实践基地。

作为安徽省七个示范性综合实践基地之一，芜湖市青少年社会实践基地按照相关文件要求，配备了室内综合实践区、户外拓展实践区、室外劳动实践区、生活区等几大基本功能分区。随着基地二期工程的基本竣工，一个崭新的基地雏形已经展现在我们眼前。

二、基地功能分区及主要课程设置

（一）室内综合实践区

该实践区主要设置两类课程——室内综合实践课程、主题教育讲座。

1. 室内综合实践课程

室内综合实践课程目前主要分为四大类：以科学创新活动、建筑模型与设计、比特实验室、雷阵课等为代表的研究性学习类课程；以汽车模拟驾驶（见图1）、微型机床操作（见图2）等为代表的社会实践类课程；以自行车组装、农业种植课等为代表的劳动技能类课程；以5D影视、3D打印等为代表的信息技术类

---

① 杨蕊，本科学历，芜湖市青少年社会实践基地教师。主讲课程：小学综合实践活动。

课程。

图1　汽车模拟驾驶

图2　微型机床操作

2. 主题教育讲座

基地设有专门的主题教育讲座时间,在主题教育课程中积极利用多媒体教育设备对学生开展爱国主义教育、消防安全教育、禁毒防毒教育、交通安全教育、法制教育、防溺水教育、芜湖改革30年主题教育等课程,切实提高学生自救自护意识,促进学生对社会生活的了解,将素质教育落到实处。

(二)户外拓展实践区

该实践区主要设置两大类课程——综合素质拓展课程和实践训练类课程。

1. 综合素质拓展课程

综合素质拓展课程主要包含青少年障碍赛、中空五连(见图3)、齐心协力、攀岩、定向运动、信任背摔、梅花桩、携手并进、众志成城、同舟共济以及水上拓展等项目。这些户外拓展课程根据不同学生的特点,可以形成不同的组合课程。经过合理的搭配,不仅可以锻炼学生独立思考、独立解决问题的能力,还可以锻炼学生的快速反应能力。

图3 中空五连拓展项目

2. 实践训练类课程

实践训练类课程目前主要以真人CS镭战(见图4)为主。真人CS镭战是一种新兴的,使用高科技手段来模拟战场真人对抗的竞技性娱乐活动。基地目前采用的是激光对抗器材,学生在真人CS镭战的过程中能够很好地提高国防安全意识。在教师的引导下,学生能形成有效的分工,并通过实践检验分工安排的合理性,通过模拟实战来考验团队的合作能力。

图4 真人CS镭战

(三)室外劳动实践区

室外劳动实践区作为基地二期工程的主要建设区域,已于近日基本完成建设。室外劳动实践区包含鱼类养殖基地、蔬菜基地、家畜养殖区、果木花卉基地、野炊广场、生命安全教育区等,主要让学生了解动植物的形态及习性,了解劳动生产的基本常识,养成良好的劳动观点和习惯,丰富劳动体会。目前,室外劳动实践区正处于课程开发过程中。

(四)生活区

按照省市相关文件精神,目前参训学生在基地培训过程中,需在基地食宿。为满足参训师生的生活需要,基地建设有食堂、男生公寓、女生公寓、教师公寓等生活功能区域。完善的生活功能区域为参训学校的师生提供了良好的学习生活环境,为参训学生更好地参与各种实践活动提供了保障。

三、特色课程开发

随着基地二期工程的基本竣工,以鱼类养殖基地、蔬菜基地、家畜养殖区等为主的室外劳动实践区已基本具备使用条件。为了更好地利用校本资源,基地采取多种举措,吸引教师积极参与课程开发过程。下面以我校今年新开设和即将开设的几项课程为例来介绍特色课程的开发。

(一)真人CS镭战课程

作为基地新开设课程,真人CS镭战没有现成的教学标准和教学案例,为了能让学生尽快开展真人CS镭战课程,基地利用寒假时间,组织教师进行培训,让教师最大限度地熟悉器材。由于学生参训时间有限,怎样有效地利用课程时间成为任课教师的最大困扰。为了更好地完善任课教师的教学方案,全体教师牺牲休息时间,充当学生,模拟CS镭战过程,在实战过程中逐步修改教学设计。经过全体教职工的努力,首次真人CS镭战课顺利进行,获得了参训师生的广泛好评。

(二)5D影视教育课程

5D影视教育厅使用了大量先进影视器材,尤其是动感座椅,随着剧情发展会起伏波动,让学生有身临其境的感受。为确保学生在观影过程中的安全性,在正式开展课程之前,每一项器材都经过任课教师与生产厂家的大量调试工作。为了达到更好的教学效果,任课教师一遍遍观看5D影视资料,做了大量的研究、分析和筛选,尽量做到寓教于乐。5D影视教育通过身临其境的体会,让学生初步了解电影技术演化过程。该课程通过主题教育影片的播放,培养学生的爱国主义情怀和环保意识,同时通过类似影院的环境设置,加强学生在公共场所突发事件中的基本自救自护知识教育。

(三)定向运动

作为一项智力和体力发展并重的体育运动,定向运动的课程开发对任课教师有着极高的要求。为了布置好每个标点的位置,任课教师在校园中进行了大量的实地测量,通过标点的合理布置,尽可能地利用实地环境,考查学生分析问题、解决问题的能力,同时拓展学生收集和分析信息的能力。学生在课程中使用的地图、指南针等器材,都是任课教师根据学生学情特点精心准备的。每一次课程结束后,任课教师都会针对学生在活动过程中发现的问题进行调整,多次调整修改后,逐步形成了较为完善的课程教学方案。

(四)3D打印课程

3D打印课程作为基地即将开设的课程,目前正在课程开发过程中。由于3D打印系统是由大量高科技的硬件和软件系统组成的,许多教师在此之前对3D打印技术了解甚微。考虑到这一实际问题对课程教研和开发产生的巨大影响,经与厂家协商,基地组织了部分教师进行专业技术培训。在培训开始之前,教师先通过资料自学,结合参训学生的年龄和知识构成特点,分析学生使用过程中难以理解的问题,带着这些问题参与培训。在培训过程中,教师自觉进入学生的角色,从学生的角度出发,对3D打印过程中的操作难点和理论知识难点进行了重点研究,对3D打印的教学模式和教学方法进行了沟通和交流。目前,3D打印课程已经正式开设,经过多位教师的共同努力,3D打印课程的教学模式已见雏形。

(五)室外劳动实践区系列课程开发

作为基地二期工程的主要建设项目,室外劳动实践区无疑将在基地今后的培训课程中占有重要地位。“让学生亲近并探究自然,增进对自然的认识,逐步形成关爱自然、保护环境的意识和能力”,然而如何将这一要求落实到课程中来,形成便于实际操作的课程却是一个艰巨的任务。基地中大部分教师都没有亲身种植的经验,何论对学生的引导和帮助。为了更好地进行课程开发,基地每位教师都主动领取了一小块“试验田”,亲自参与种植活动,在实践中寻找课程开发的灵感和切入点。通过这一实践过程,多位教师提出了包括生态农场、现代化农业等劳动实践区开发模式和课程开发设想,产生了包括碗莲培育、蔬菜种植等多项新课程教案,对后续课程的开发起到了良好的促进作用。

然而,我们也注意到,在课程开发过程中,基地依然存在着很多问题,例如:对校本资源的开发利用有待进一步完善,基层教师接受高层次实践活动课程培训的机会较少,课程开发的总体思路不明确。在今后的教研过程中,基地将会在教学模式和课程开发中继续探索,为全市中小学生提供更好的实践体验。

四、师资力量培育

(一)师资培训

由于基地户外拓展实践区中有大量的户外拓展器材,为更好地利用拓展器材,保障参训师生在拓展训练过程中的安全,基地除了进行全体教师拓展器材安全培训外,还安排部分教师赴专业拓展师培训学院进行学习。经过专业培训,已有三位教师取得了拓展培训师资格证,确保了学生在参加户外拓展培训时能得到专业的指导和更加全面的保护。图5为教师真人CS镭战安全培训。

图5　教师真人CS镭战安全培训

(二)省内交流协作

由于基地教学活动的特殊性,基地的课程设置及部分课程开发仍处于探索阶段。基地目前的教师有很多都不是专职综合实践活动教师,许多教师对于综合实践活动的认知尚不全面,对于课程的教研与开发能力较为薄弱。为了能让教师们开阔眼界,吸取先进经验,基地先后组织教师赴淮南、滁州等地的实践基地参观学习。通过与其他实践基地教师的沟通与交流,教师们提高了对于实践活动课程的认识,提高了对于课程开发的热情。

(三)教师继续教育

基地积极支持教师参加继续教育及培训,要求教师每年必须完成一定课时的远程教育培训。同时设有专项培训教育资金,用于解决教师参加综合实践活动课程相关培训的学习费用问题。

(四)特色课程专业培训

对于部分专业知识较强、教学器械较复杂的特色课程,如真人CS镭战、5D影视教育、3D打印等,基地邀请专业技术团队来基地对全体教师实行统一培训。通过专业培训,任课教师对于专业教学器材的使用得心应手,从而能在活动过程中给予学生更好的引导与帮助。图6为3D打印课程教师培训。

图6 3D打印课程教师培训

(五)教育教研活动

基地教师在日常教学活动中积累了大量综合实践活动、校外教育的专题论文和教案。2016年,安徽省中小学综合实践基地协作会第四次研讨会在基地召开,此次研讨会的召开给教师们提供了更好的交流和学习平台。

五、学生安全保障

作为社会实践基地,学生在基地参训过程中有大量的户外实践活动和室内综合训练,在学生进行综合实践活动过程中切实保障学生安全成为基地工作的重中之重。为此,基地采取了大量措施,切实维护参训师生安全。

（一）训前工作准备到位

学生来参训前，基地会向每位家长发放《致家长的一封信》，信中详细说明学生到基地参加培训前的准备工作，指导学生注意活动中的安全问题，培养学生的安全意识和自我保护能力，防止发生意外；详细说明学生在基地参加培训可能发生的意外情况，本着自愿原则，请家长根据学生自身情况自主决定是否参加培训。

（二）安全职责落实到位

目前基地实行校长负责制，户外拓展教师具体负责活动的实施，中层负责人员要按照分工进行指导、协助。参训学校教师跟班参加活动，确保及时发现问题，及时处理。

（三）实验耗材管理到位

室内综合实践区的设备维护和耗材更换实行任课教师负责制。定期对室内综合实践区的教学设备仪器进行检查，一旦发现问题，及时上报，及时整修。实践活动中的耗材由基地统一采购，符合国家安全标准，使用时进行规范登记。

（四）拓展器材保养到位

针对户外拓展实践区的拓展器材，基地定期安排专人进行全面排查。同时，选用具有素质拓展培训师资格的教练员组织教学活动，正确使用保护性装备。在使用一段时间后，教练员根据装备的损耗情况和使用寿命，及时维护或更换装备，确保装备安全性。一旦发现问题，立即停用，并在显著位置设立标志，联系厂家，限期整修。

（五）基地巡查制度到位

由于基地面积较大，园区内还包含了鱼塘等水面区域，为切实保障学生安全，基地在学生参训期间实行封闭式管理，在危险区域设立醒目的标牌，并安排保安24小时巡逻，切实保障学生在基地参训期间的安全。

(六)突发事件处理到位

突发事件第一时间上报,有受伤人员,由校医及时医治,病情复杂或严重的,与带队教师联系,第一时间送往医院治疗,并通知家长。一旦有事故发生,事后必须进行分析总结,避免类似事故再次发生。

六、后勤管理保障

(一)基地制度完善

为了使参训学校师生有更好的课程体验,大力推进"亲切服务",同时,进一步完善制度建设,加强监督检查力度。在接训学生时,基地实行封闭式管理,通过完善基地内部管理制度,加强安全管理,完善和落实突发事件应急预案,切实提高参训师生在基地的安全保障。目前,基地内制定了《安全责任管理与追究制度》《校舍安全管理制度》《学生宿舍管理制度》《食堂管理制度》《校园车辆管理制度》等多项管理制度,同时还制定了《突发事件应急预案》《公共卫生突发事件应急预案》《消防应急预案》等多项应急管理预案。

(二)上级政策支持

按照《关于青少年社会实践基地接训的通知》(芜教德〔2015〕9号)和《关于做好青少年社会实践基地培训有关工作的通知》(芜教德〔2016〕5号)两个文件要求,基地将继续接待各区属中学参加社会实践的试点工作并扩大参训学校的覆盖面。

(三)财政资金保障

基地自2010年建设以来,得到了省市相关部门的关心和大力支持,建设费用出自中央专项彩票公益金。学生参训接送交通费用由各县区教育局和参训学校自理;学生在基地期间培训、食宿等费用由基地负责解决。目前,基地已完成了一期工程建设并已投入使用,二期工程也全面竣工,主题教育综合楼正处于招投标过程中。随着各项工程的稳步推进,芜湖市青少年社会实践基地即将步入正轨,做好准备迎接全市中小学参训师生的到来。

七、取得的成绩

基地自2013年试运行以来,一直坚持一边建设,一边试点接待学生,共计接待18 000余名师生来基地参训,受到了参训学校师生的一致好评。基地为参训学生提供了普通学校难以提供的实践平台,在保障学生安全的情况下,模拟社会基本生活环境和自然生活环境,锻炼学生解决问题的能力,帮助学生提高身体和心理素质,培养创新精神,是对普通学校教育盲点的有效补充。

八、存在的问题

在总结成绩的同时,我们也清醒地认识到工作中依然存在许多问题和不足。一是教学模式的探索和课程设置的开发依然缺少清晰的指导思路;二是基地内的各项规章制度仍待进一步的规范和完善;三是综合实践活动的专职教师依然匮乏,教师对于综合实践活动的认识仍然存在很大的不足,需要进一步加强教师自身素质的培养;四是户外拓展场所限制较多,拓展设备器材维修困难,尚不能满足学生多层次活动的需要。

为了更好地解决以上问题,基地全体教职工要共同努力,加强学习,不断提高教师自身素质和能力,进一步完善基地管理规章制度,在课程设置、活动设计等方面积极探索,力求使更多青少年更好地参与到综合实践活动中来,真正做到“引导学生在生活中学习、在实践中成长”。

九、今后发展方向

今后,基地将进一步加强对学生主题教育类课程的开发。目前,基地的主题教育综合楼建设已经启动。可以想见,在不久的将来,当主题教育综合楼建成时,基地将同时承担起与素质教育有关的德育、法制、环保、安全、革命传统、乡土传统教育等主题教育的责任,做到增进青少年对社会的认识与体验,发展青少年的社会实践能力和社会责任感,使青少年掌握基本的生活技能,发展认识自我的能力,养成积极而负责任的生活态度。

让综合实践活动漫步云端

朱　芹①

随着时代的发展，信息技术在教育教学中得到广泛的应用，智慧校园也应运而生，我们深知，推进教育信息化信息技术是手段，而致力于学生终身发展才是教育的最终目的。我校树立“让综合实践活动漫步云端”的理念，着重研究利用安徽基础教育资源应用平台等网络资源开展综合实践活动课程，建立互动共享的资源库、开放的网络学习社区、记录过程性学习活动的网络档案等，尝试在信息化网络平台上开展综合实践活动课程，推行以教师为主导、以学生为主体、线上和线下学习相结合的混合学习方式，为小学综合实践活动课程的开展提供良好环境和支持。

一、智慧校园建设——营造信息化综合实践活动环境

蚌埠市朝阳路第三小学是安徽省首批电教达标学校，历年来上级领导的关心与支持，全体教师的齐心协力，使学校的信息化工作一直走在禹会区的前列。2015年，我校有幸成为蚌埠市禹会区首批智慧校园建设学校，学校的信息化建设实现跨越式发展，校园无线热点全覆盖，智能数字录播教室实现网络直播，高清视频监控无死角，电子门禁系统强化安全，家校平台及时沟通，OA系统高效管理，智慧校园综合管理云平台以物联网形式管理整个校园信息化环境，数字化的育人环境奠定了培育现代化人才的基础，为基于网络平台开展综合实践活动打下坚实的信息化硬件基础。

---

① 朱芹，女，本科学历，蚌埠市朝阳路第三小学高级教师。主讲课程：小学信息技术，小学综合实践活动。主要研究方向：基于信息技术环境下的综合实践活动研究。

二、创新培训形式——打造综合实践活动信息化教师队伍

我们深知推进基于网络平台开展综合实践活动的研究，关键在于教师运用信息技术的意识与能力及其对综合实践活动课程的深入认识。

(一)理论学习，常抓不懈

我们采用集体学习和分散学习相结合的方法，通过上网学习、阅读教育教学类书刊等，学习有关问题转化的教育教学理论，写好教育随笔，积累教育智慧，用以指导自己的教学行为。我们课题组学习了《小学综合实践活动课程设计》《综合实践活动课程的理念》《综合实践活动课程实验研究》《现代教育技术与中小学教学模式的变革》《综合实践活动课程的实施》等理论著作，努力从理论层面上引导教师对实验课题的产生背景、科学依据、教育思想、实践价值全面把握，实现教育思想、教育观念的转变。

(二)成立信息化学习协作组

我们创新培训形式，根据教师的学科背景、年龄和信息技术水平等多种因素，成立了九个"信息化学习协作组"，选择信息技术水平高、乐于助人的教师担任组长，以点带面，以信息化协作团队的形式组织教师进行培训。培训采用以下形式：

集体培训。每周三下午两节课后由朱芹老师对全体教师进行信息技术知识点的集体培训，同时布置本周各组要完成的拓展任务。任务内容体现有趣味、便操作、有实效的原则，如：为了学习图片的获取与加工，布置了制作本组的成员"微笑墙"作品的任务；为了学习微课制作，布置了录制一段教学难点突破的微课片段的任务；等等。

组内提高。在一周的时间内，结合本周集体培训的知识点，教师们在组长的带领下互帮互助，利用课余时间，完成本周的作品，并上传到学校资源平台共享，在下一次集体培训前先展示所有组的作品，大家一起交流、评价，为优秀作品投票。

期末评比。在每学期结束时，学校结合各协作组的参训率、学习氛围、作品完成度、课堂教学应用效果等因素，评选出优秀的协作小组，予以表彰。

信息化学习协作组这种创新的培训形式，使教师们在团队中乐学、好学、互

帮互助。短短一年的时间,我们先后完成了“班班通”设备使用技巧、电子备课资源共享、多媒体资源的获取与加工、安徽基础教育资源应用平台的使用、翻转课堂及微课制作等系列培训(见图1),积累了一大批能够直接用于课堂教学的校本资源及微课作品。最可喜的是,如今信息化“学习”协作组延伸为信息化“教学研究”协作组,组内研讨从完成每周培训任务,延伸到运用信息技术解决课堂教学时遇到的所有问题,打造了一支信息化水平高、凝聚力强的教师团队,充分保障了我校教学研究工作的顺利实施。

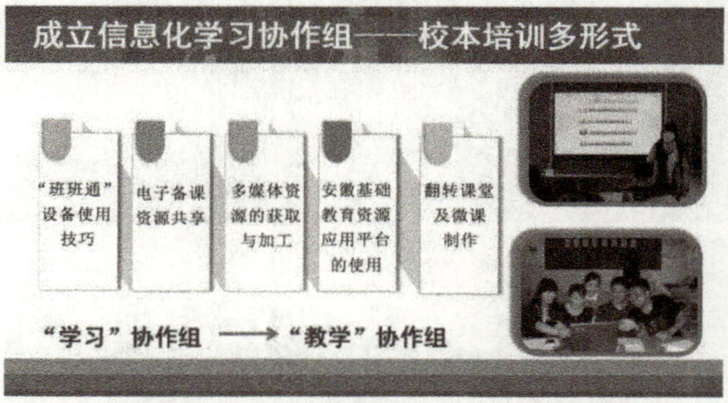

图1 综合实践活动教师信息化培训内容

(三)骨干教师全国研讨

2015年5月23日,全国基础教育课程改革实验区综合实践活动第十三届研讨会暨特色实践课程开发与实践创新能力培养研修班会议在合肥庐阳隆重召开。我们课题组选派课题组负责人朱芹老师带领朱园园、孙宇飞两名骨干教师参会,聆听了华中师范大学教授、博士生导师郭元祥的“特色实践课程开发与学生实践创新能力培养”报告,观摩了来自大洋彼岸美国的巴奈特教授的“污水处理装置”公开课,参加了特色学校与综合实践活动基地考察参观等活动。大家深切地体会到,综合实践活动课程在新时代教育发展建设中是非常重要的,教师要从发展学生的个性、爱好、能力等方面来开发综合实践活动课程,以实践能力和创新能力为核心建构综合实践活动课程。借助全国综合实践研讨会的平台,课题组教师可以与不同国家不同地区的综合实践活动教师进行交流,极大地开拓了课题研究教师的视野与思路,提升了他们正确引领学生开展综合实践活动的创新与管理能力,为综合实践活动课题的深入研究奠定了坚实基础。

三、基于网络平台，深入开展综合实践活动

安徽基础教育资源应用平台(见图2)是在国家教育信息化的统一部署下，整合各类教育教学资源的省级基础教育资源公共平台，目前正在全省全面深入推广。该平台为综合实践活动的开展提供了海量的资源、互动的环境以及个性化的成长记录，为教与学的变革提供了广阔的天地。

图2 安徽基础教育资源应用平台首页截屏

我们着重研究基于安徽基础教育资源应用平台开展综合实践活动的模式与方法。在实验班级中具体研究如何有效地运用网络信息技术手段来开展综合实践活动课，怎样让学生尽快熟悉该平台的诸多功能，如何设计具体的主题引导学生开展基于网络平台的实践活动，如何利用该平台的资源中心开展资料搜集等一系列活动，我们做了以下尝试。

(一)小组合作，熟悉平台

基于网络的综合实践活动课程的开展，既充分发挥了教师的主导作用，又充分体现了学生的主体地位。这有别于传统的教学结构，学生首先要熟悉安徽基础教育资源应用平台的使用环境。因此，我们在信息技术课堂上首先开展畅游安徽基础教育资源应用平台的方法指导课，每组培养一位应用平台小导游，让信息技术运用水平较高的学生发挥积极的引导作用，鼓励学生以小组合作的形式，开展互帮互助，指导学生上传自己的照片、更改头像，让学生熟悉安徽基础教育资源应用平台的登录、上传下载、修改个人信息、添加老师和同学为关注好友等一些基本操作。学生在这全新的网络空间里趣味盎然地自由探索，学习

的自主性和求知欲得到了极大的提升,也为接下来的基于网络平台的综合实践活动顺利开展打下了坚实的信息技术基础。图3为学生开展学习家园小导游活动。

图3 学生开展学习家园小导游活动

(二)班级聊吧,确定主题

综合实践活动课程与其他学科课程相比,在学科内容、活动时间和活动方式上具有开放性,没有固定的课程进度和教材结构的限制,自主、探究、合作的学习方式在综合实践活动课程中得到了充分应用。综合实践活动课程的主题选择一定要真正地从学生的实践需求中来,才能充分发挥学生的积极主动性,使他们全身心参与到活动的每一个环节中。安徽基础教育资源应用平台的班级空间和班级聊吧,给了孩子们充分参与主题选择和研讨的自由空间。由于不受时间和空间的限制,师生们的主题研讨是完全自由平等的,每一个孩子都可以充分发表自己的意见,表达自己关于研究主题的观点。综合实践活动重在实践、重在体验,只有当孩子们真正参与了实践过程,通过自己的努力找到答案,他们才会有所收获。图4为学生通过班级聊吧实时交流综合实践活动感受。

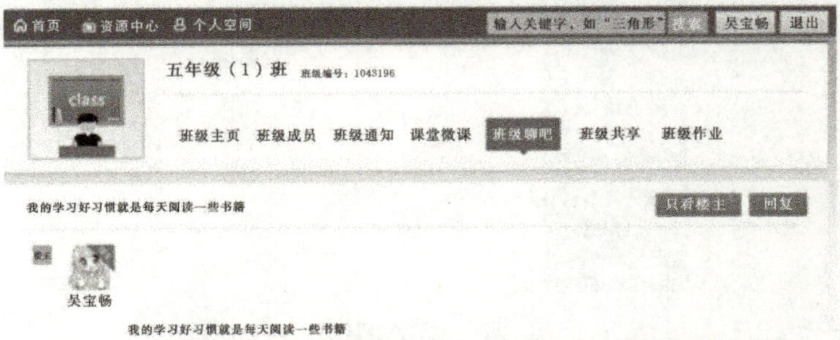

图4 学生通过班级聊吧实时交流综合实践活动感受

例如,在研究确定“我们长大了”这个主题活动之初,我们首先在安徽基础教育资源应用平台的班级聊吧里发布活动主题的征集活动,让孩子们自由发言,说说对这个主题的看法。孩子们各抒己见,我们适时地加以引导。利用该平台的班级聊吧,我们将研讨课堂延伸到课外,在充分讨论之后,孩子们都觉得用照片记录自己长大了这个方式最好。明确了主题的方向,我们又进一步将主题细化到具体可表现的项目,制作一份记录自己从小到大的“成长纪念册”。通过交流,孩子们不仅对活动的主题有了极大的认同感,还对接下来的实践活动有了更多期待。

(三)个人空间,收集资料

收集资料是综合实践活动中进行研究的一项必不可少的环节。收集资料,一方面是学生发现问题、解决问题的重要手段,另一方面可以让学生在收集资料的过程中养成敏锐的信息意识,形成收集利用信息的能力和信息道德。

在实际的活动开展过程中,我们发现由于年龄较小,一些同学生活自理能力不高,经常出现没有带来自己课前需要整理的资料,无法与大家及时地交流分享。而安徽基础资源应用平台为每一个注册成功的同学都开辟了个人空间,在以“我们长大了”为主题的综合实践活动中,学生们可以利用安徽基础教育资源应用平台的个人空间,直接在家中将电子照片上传至“个人空间”\“我们的文档”中。这样,在课堂交流和制作成长纪念册的活动中,就可以在任何一个计算机中下载使用,这为我们综合实践活动的开展提供了便利条件,也节省了大量的纸张和档案存放空间,为资源的共享、积累、再生提供了极大的方便。我们可以通过个人文档收集整理综合实践活动资料,如图5所示。

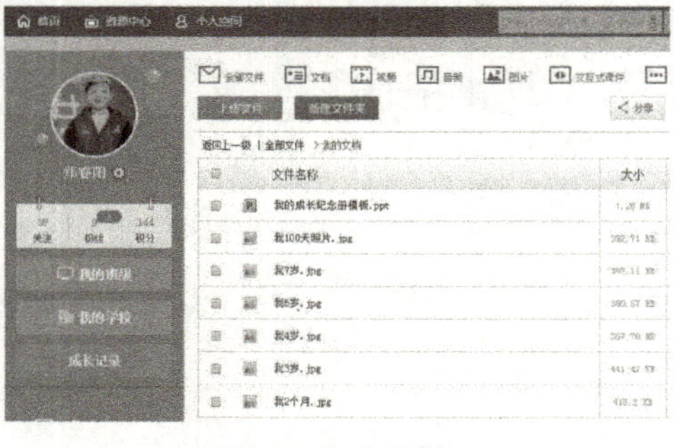

图5　个人文档

（四）课堂微课，发布指导

随着移动通讯技术、社交媒体，以及以开放、共享为理念的开放教育资源运动的蓬勃发展，“微”教学模式逐渐在全球范围内兴起。因此，在一些项目活动比较复杂时，我们可以将每一个重点、难点分割成比较细小的内容并制作成微课来讲解。这样学生在操作练习时不仅可以分步骤实施，提高效率，而且理解能力较差的学生还可以暂停或重复播放相应的微课，重复学习，从而掌握相应的技巧。利用安徽基础教育资源应用平台的课堂微课栏目，我们将成长纪念册需要收集的资料、设计制作方法的指导等内容制作成了微课，上传至“课堂微课”中，学生可以自由地选择时间和地点登录平台观看微课，可以在家边看微课视频边尝试制作成长纪念册。根据活动所需，我们可以制作相关微课放在信息平台，形成一个资料库，让学生在活动中可以根据需要观看微课方法指导，从而习得技能。学生可以在信息平台上提出疑惑，解决疑惑，共享探究，共同成长。“课堂微课”栏目让我们的综合实践活动方法指导课不受时间和空间的限制，大大提高了实践活动中教师的指导实效。教师可以将综合实践活动的方法指导内容以微课形式发布到网络平台，如图6所示。

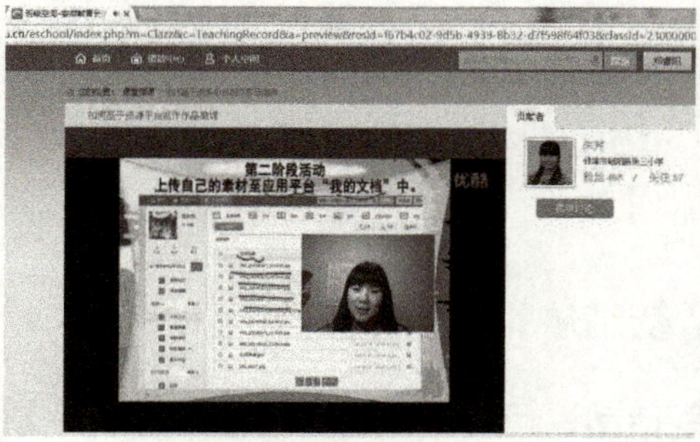

图6　发布微课

（五）班级共享，交流评价

综合实践活动课程“关注过程，兼顾结果”，其教学过程是发挥教师主导作用，生成和发展学生主体能力的过程，具有很强的实践性。展示交流阶段既是主题活动的一部分，也是活动结果的呈现阶段。成果展示交流的目的是引导学生对活动过程、活动方法、活动体验等进行全面的总结与反思；让学生通过交流实现资源共享，深化活动体验，增强合作能力。可以说，有效的综合实践活动交流，是实施综合实践活动课的重要环节。如果仅仅局限于课堂40分钟内进行展示交流，那么对于每一个全心投入活动过程的孩子来说都是有遗憾的。安徽基础教育资源应用平台提供的班级共享板块正好弥补了这一缺憾。在指导制作成长纪念册的活动中，学生将自己制作的成长纪念册上传至班级共享板块，在网络平台中学生可以不受时间与空间的限制，欣赏、评价自己和他人的作品，在“班级聊吧”栏目自评互评。同时，利用安徽基础教育资源应用平台的“我的文档”，还可以“综合实践档案袋”的形式，将学生在实践过程中设计的方案、提出的问题、搜集到的资料、取得的阶段性成果制成资料卡，存入档案袋，给予他们鼓励，促使他们更积极、更主动地参与实践。有了共享作品的平台，就能够鼓励学生积极进行自我评价、评价他人、小组互评，同时结合网络平台可以邀请家长一同参与评价，建立开放式的多元评价体系，使评价更加科学、全面和真实。图7为学生成长档案。

我的云端学习家园活动自我评价表

姓名：吴宝畅　　　　班级：五一班

评价项目评价情况	（涂上相应的星星）
在体验活动中我始终积极参喜欢这个活动。	☆☆☆☆☆
在活动中我会自己发现问题。	☆☆☆☆☆
我能通过自己的尝试找到解决问题的办法。	☆☆☆☆
在网络平台中我会和大家及时交流、分享。	☆☆☆☆☆
我了解了许多关于学习的好习惯。	☆☆☆☆
在我的个人空间里积累了很多资料。	☆☆☆☆☆

（请同学们自我评价后将表格上传至班级共享中）

图7　学生成长档案

四、不断探究，初结硕果

对学生综合实践活动课程内容需求和信息技术学习方式开展调查研究，形成基于网络平台开展综合实践活动的调查报告，通过问卷调查、访谈等形式，让学生对综合实践活动的学习需求和信息技术的学习方式有进一步了解。

选择实验对比班级，深入教学第一线调查和记录教师与学生利用该平台互动的动态情况，在实验数据比较中分析和寻求网络与教学相结合的最佳切入点。实验班级积累了丰富的综合实践活动课例，如三年级“我长大了”、四年级“我的十岁生日会”，五年级“神奇的电”“网络游戏大讨论”等一系列有实践与推广意义的课例。2014年11月，朱芹老师执教“我长大了”课题研讨课，面向全市信息技术及综合实践活动教师，展示课题实验成果，市、区教研员以及参会教师均给予了高度评价。

对小学综合实践活动信息化网络平台资源库的建设研究。根据调查所得的数据，组织开发精品课程，初步形成数字化学习材料。我校综合实践校本资源库目前已经拥有2 T的海量资源。

认真撰写论文。朱芹老师撰写的论文《构建基于网络的综合学科教研平台的探究》获教育科研成果论文类评选一等奖；朱芹老师撰写的论文《基于安徽基础教育资源应用平台开展综合实践活动的探究》和马冬梅老师撰写的论文《信息技术环境下小学语文综合实践的探究》都参加了省级评选。

在省市中小学电脑制作活动中，我校连续13年获得蚌埠市中小学电脑制作大赛优秀组织奖，教师的多媒体课件信息化案例和论文有28人次在国家、省、市的各类评比中获一、二、三等奖，学生参加省、市的电脑制作大赛和信息学竞赛有245人次获省、市一、二、三等奖。2015年，我校代表禹会区参加全市首批信息化先导学校评比，获得专家和领导的高度认可。

丰富的网络资源应用平台、海量的学科资源、灵动的板块设置，给学生深入开展综合实践活动提供了广阔的天地，使他们可以在互联网+的空间锻炼能力、施展才华、张扬个性。"运用之妙，存乎一心"，只要我们坚定方向、坚持探索，一定会让综合实践活动课程散发出更大的魅力。